Heiko Karl Ital

German Exercises Dictionary

First & Second Year Courses

**German Department of
Interpretation & Translation**

Hankuk University of Foreign Studies

www.tredition.de

© 2020 Heiko Karl Ital

Verlag und Druck: tredition GmbH, Halenreie 40-44, 22359 Hamburg

ISBN
Paperback: 978-3-347-13535-2
Hardcover: 978-3-347-13536-9
e-Book: 978-3-347-13537-6

German Exercises First Year 8

German Exercises Second Year   134

GERMAN EXERCISES
FIRST YEAR

CHAPTER 1 / LEKTION 1

저녁	Abend (der), die Abende
하지만, 그러나	aber
작별	Abschied (der), die Abschiede
주소	Adresse (die), die Adressen
알파벳	Alphabet (das), die Alphabete
~으로서	als
~가에	an
×표를 긋다	ankreuzen, kreuzte an, hat angekreuzt
신청, 신고	Anmeldung (die), die Anmeldungen
살펴보다	ansehen, sah an, hat angesehen
아랍어	Arabisch
역시	auch
~위에	auf

작별인사 (전화통화)	Auf Wiederhören!
작별 인사	Auf Wiedersehen!
~으로부터	aus
진술	Aussage (die), die Aussagen
인사	Begrüßung (die), die Begrüßungen
~에(어떠한 장소나 사안에 참여)	bei
예,보기	Beispiel (das), die Beispiele
그림	Bild (das), die Bilder
실례지만	bitte
부탁하다	bitten, bat, hat gebeten
철자	Buchstabe (der), die Buchstaben
철자로 말하다	buchstabieren, buchstabierte, hat buchstabiert
중국어	Chinesisch
저기에	da

숙녀	Dame (die), die Damen
감사	Dank (der) (Sg.)
감사합니다	Danke!
감사하다	danken, dankte, hat gedankt
~다음에	dann
이것은	das
남성 정관사 1	der
독일어	Deutsch
외국어로서의 독일어	Deutsch als Fremdsprache
독일	Deutschland
그(정관사:여성단수)	die
너	du
조금, 약간의	ein bisschen
부정관사	ein/e
쉬운	einfach
이메일	E-Mail (die), die E-Mails
영어	Englisch

사과(謝過)	Entschuldigung (die), die Entschuldigungen
실례합니다	Entschuldigung!
보충하다	ergänzen, ergänzte, hat ergänzt
그것은(을)	es
성씨	Familienname (der), die Familiennamen
팩스	Fax (das), die Faxe
영화	Film (der), die Filme
핀란드어	Finnisch
핀란드	Finnland
회사	Firma (die), die Firmen
연속,계속,결과, 결과물	Folge (die), die Folgen
양식	Formular (das), die Formulare
사진	Foto (das), die Fotos
질문하다	fragen, fragte, hat gefragt
불어	Französisch

여자	Frau (die), die Frauen
외국어	Fremdsprache (die), die Fremdsprachen
기뻐하다	freuen (sich), freute sich, hat sich gefreut
반갑습니다!	Freut mich!
대화	Gespräch (das), die Gespräche
문법	Grammatik (die), die Grammatiken
그리스	Griechenland
그리스어	Griechisch
스위스 사람들의 인사말	Grüezi!
남부 독일 인사말	Grüß Gott!
좋은	gut
안녕히 주무세요!	Gute Nacht!
저녁시간 인사말	Guten Abend!
아침시간 인사말	Guten Morgen!
낮 인사	Guten Tag!
시간과 무관하게 사용할 수 있는 인사말	Hallo!

번지	Hausnummer (die), die Hausnummern
~라 칭한다, ~입니다.	heißen, hieß, hat geheißen
출신, 출생, 유래, 출처	Herkunft (die), die Herkünfte
남자에 대한 호칭	Herr (der), die Herren
진심으로	herzlich
진심으로 환영합니다	Herzlich willkommen!
듣다	hören, hörte, hat gehört
호텔	Hotel (das), die Hotels
나는	ich
당신의(Sie의 소유대명사)	Ihr/e
~안에	in
국제적인	international
이탈리아	Italien
이탈리아어	Italienisch
긍정하기	ja
예멘	Jemen (der)

오다	kommen, kam, ist gekommen
동사의 인칭변화	Konjugation (die), die Konjugationen
과정	Kurs (der), die Kurse
나라, 국가	Land (das), die Länder
미안하다	leidtun, tat leid, hat leidgetan
과, 장	Lektion (die), die Lektionen
읽다	lesen, las, hat gelesen
사람들(복수로만 사용)	Leute (Pl.)
노래	Lied (das), die Lieder
엄마	Mama (die), die Mamas
표시하다	markieren, markierte, hat markiert
나의(ich의 소유대명사)	mein/e
신사숙녀 여러분!	Meine Damen und Herren!
~한 의견,생각이다	meinen, meinte, hat gemeint

나를(ich의 4격)	mich
나에게	mir
도구, 수단(전치사) ~로,~와 함께	mit
아침	Morgen (der), -
따라 말하다	nachsprechen, sprach nach, hat nachgesprochen
밤	Nacht (die), die Nächte
이름	Name (der), die Namen
질문 부정하기	nein
형용사 및 동사 부정하기	nicht
단지	nur
오스트리아	Österreich
맞다, 어울리다	passen, passte, hat gepasst
사람, 개인	Person (die), die Personen
광장	Platz (der), die Plätze
폴란드	Polen

폴란드어	Polnisch
우편번호	Postleitzahl (die), die Postleitzahlen
추측하다; 알아맞히다	raten, riet, hat geraten
옳은	richtig
러시아어	Russisch
말하다	sagen, sagte, hat gesagt
스위스	Schweiz (die)
~이다 (영어의 be동사)	sein, war, ist gewesen
페이지	Seite (die), die Seiten
당신은(존칭)	Sie
스페인	Spanien
스페인어	Spanisch
놀이	Spiel (das), die Spiele
운동	Sport (der) (Sg.)
언어, 말	Sprache (die), die Sprachen
말하다	sprechen, sprach, hat gesprochen
도시	Stadt (die), die Städte

길, 거리	Straße (die), die Straßen
전략	Strategie (die), die Strategien
찾다, 구하다	suchen, suchte, hat gesucht
수단	Sudan (der)
표(表)	Tabelle (die), die Tabellen
낮	Tag (der), die Tage
교환하다, 바꾸다	tauschen, tauschte, hat getauscht
전화	Telefon (das), die Telefone
전화 대화	Telefongespräch (das), die Telefongespräche
안녕! (헤어질 때 인사)	Tschüs!
터키	Türkei (die)
터키어	Türkisch
죄송합니다!	Tut mir leid!
그리고	und
헝가리어	Ungarisch

미국	USA (die) (nur Plural)
동사	Verb (das), die Verben
연결하다	verbinden, verband, hat verbunden
비교하다	vergleichen, verglich, hat verglichen
많은	viel
대단히 감사합니다!	Vielen Dank!
명함	Visitenkarte (die), die Visitenkarten
~의	von
이름	Vorname (der), die Vornamen
무엇?	Was?
어느?	Welche?
누구?	Wer?
중요한	wichtig
어떻게?	Wie?
환영하다	willkommen
알다	wissen, wusste, hat gewusst

어디에서?	Woher?
단어	Wort (das), die Wörter
보여주다	zeigen, zeigte, hat gezeigt
~에 (방향)	zu
맨 먼저	zuerst
부속시키다	zuordnen, ordnete zu, hat zugeordnet
중간에	zwischendurch

CHAPTER 2 / LEKTION 2

전부	alles
늙은	alt
나이	Alter (das), -
다른 사람들	andere
언급	Angabe (die), die Angaben
의사	Arzt (der), die Ärzte
채우다	ausfüllen, füllte aus, hat ausgefüllt
아기	Baby (das), die Babys
곧	bald
대답하다	beantworten, beantwortete, hat beantwortet
(건강의) 상태	Befinden (das) (Sg.)
형성하다,만들다	bilden, bildete, hat gebildet
~까지	bis
남자 형제	Bruder (der), die Brüder

덴마크	Dänemark
너의	dein/e
왜냐하면	denn
아내	Ehefrau (die), die Ehe-frauen
부모	Eltern (Pl.)
형제자매	Geschwister (Pl.)
조부모	Großeltern (Pl.)
인적 사항	Personalie (die), die Per-sonalien
너에게	dir
한번	einmal
손자	Enkel (der), die Enkel
손녀	Enkelin (die), die Enkelin-nen
그 (남자)	er
그럭저럭 지내요	es geht
틀린	falsch
가족	Familie (die), die Familien
여성의	feminin

질문	Frage (die), die Fragen
프랑스	Frankreich
(남자) 친구	Freund (der), die Freunde
여자 친구	Freundin (die), die Freundinnen
태어나다	geboren sein, war geboren, ist geboren
출생지	Geburtsort (der), die Geburtsorte
정확히, 바로	genau
이혼 상태인 (이혼한)	geschieden
할머니	Großmutter (die), die Großmütter
할아버지	Großvater (der), die Großväter
그룹 (동아리)	Gruppe (die), die Gruppen
소유하다, 가지고 있다	haben, hatte, hat gehabt
수도	Hauptstadt (die), die Hauptstädte

고국	Heimatland (das), die Heimatländer
여기	hier
당신에게 (Sie의 3격)	Ihnen
너희들	ihr
지금 현재	im Moment
해 (일년)	Jahr (das), die Jahre
각자 (말한다)	jede/jeder
지금	jetzt
캐나다	Kanada
~아니다	kein
알다, 알고 있다	kennen, kannte, hat gekannt
아이	Kind (das), die Kinder
지도	Landkarte (die), die Land-karten
긴	lang(e)
살다	leben, lebte, hat gelebt
미혼의	ledig
선생, 교사	Lehrer (der), -

~에 있다	liegen in ..., lag in ..., hat in ... gelegen
리스트, 표	Liste (die), die Listen
사람들이 (단수 형태로만 쓰임)	man
남자; 남편	Mann (der), die Männer
남성의	maskulin
순간	Moment (der), die Momente
어머니	Mutter (die), die Mütter
자	na
글쎄	na ja
새로운	neu
중성의	neutral
별로 좋지 않은	nicht so gut
아직	noch (nicht)
다시 한번	noch einmal
북부 독일	Norddeutschland
영(零)	Null (die), die Nullen
또는	oder

할머니	Oma (die), die Omas
할아버지	Opa (der), die Opas
공원	Park (der), die Parks
파트너	Partner (der), -
파트너(여성)	Partnerin (die), die Part-nerinnen
쉬는 시간	Pause (die), die Pausen
사람	Person (die), die Personen
복수	Plural (der), die Plurale
경찰	Polizei (die), die Polizeien
소유 대명사	Possessivartikel (der), -
문장	Satz (der), die Sätze
이미	schon
쓰다	schreiben, schrieb, hat geschrieben
여자형제	Schwester (die), die Schwestern
어려운	schwierig

매우	sehr
매우 좋다	sehr gut
잘가게, 잘있게	Servus!
자기,자기 자신의	sich
소개하다	sich vorstellen, stellte sich vor, hat sich vorgestellt
그녀가	sie
그들이	sie
단수	Singular (der), die Singulare
그렇게	so
아들	Sohn (der), die Söhne
(놀이,시합)하다 연주하다	spielen, spielte, hat gespielt
대학을 다니다	studieren, studierte, hat studiert
남부 독일	Süddeutschland
멋진	super
전화번호	Telefonnummer (die), die Telefonnummern
텍스트	Text (der), die Texte

딸	Tochter (die), die Töchter
~에 관하여,대하여	über
헝가리	Ungarn
변종,변이,변형	Variante (die), die Varianten
아버지	Vater (der), die Väter
기혼의	verheiratet
과부의	verwitwet
어떻게 지내니?	Wie geht es dir? / Wie geht's?
어떻게 지내십니까?	Wie geht es Ihnen?
우리	wir
어디에?	Wo?
거주하다	wohnen, wohnte, hat gewohnt
거주지	Wohnort (der), die Wohnorte
숫자	Zahl (die), die Zahlen
그림	Zeichnung (die), die Zeichnungen
종이 쪽지, 메모	Zettel (der), -

현재, 지금	zurzeit

CHAPTER 3 / LEKTION 3

부서	Abteilung (die), die Abteilungen
다르게, 달리	anders
대답, 답변	Antwort (die), die Antworten
대답하다	antworten, antwortete, hat geantwortet
사과	Apfel (der), die Äpfel
사과 소스	Apfelmus (das), die Apfelmuse
식욕, 입맛, 밥맛	Appetit (der), die Appetite
관사	Artikel (der), -
독일어로	auf Deutsch
바나나	Banane (die), die Bananen
컵	Becher (der), -
맥주	Bier (das), die Biere
배	Birne (die), die Birnen

필요하다	brauchen, brauchte, hat gebraucht
빵	Brot (das), die Brote
둥글고 작은 빵	Brötchen (das), die Brötchen
버터	Butter (die) (Sg.)
센트	Cent (der), die Cent(s)
콜라	Cola (das / die), die Colas
하지만, 그런데	doch
캔, 통조림	Dose (die), die Dosen
갈증, 목마름	Durst (der) (Sg.)
계란	Ei (das), die Eier
구입, 매입	Einkauf (der), die Einkäufe
구입하다	einkaufen, kaufte ein, hat eingekauft
음식	Essen (das), -
먹다	essen, aß, hat gegessen
식초	Essig (der), die Essige

약, 대략	etwa
어떤 것	etwas (was)
유로	Euro (der) (Sg.)
모양새가 고운, 정교한, 섬세한	fein
생선	Fisch (der), die Fische
병 (瓶)	Flasche (die), die Flaschen
고기	Fleisch (das) (Sg.)
야채	Gemüse (das) (Sg.)
야채 육수	Gemüsebrühe (die), die Gemüsebrühen
야채 수프	Gemüsesuppe (die), die Gemüsesuppen
음식, 요리; 법원	Gericht (das), die Gerichte
이야기; 역사	Geschichte (die), die Geschichten
음료수	Getränk (das), die Getränke
기꺼이	gern(e)
잔	Glas (das), die Gläser

믿다	glauben, glaubte, hat geglaubt
그램	Gramm (das) (Sg.)
오이	Gurke (die), die Gurken
맛있게 드세요!	Guten Appetit!
다진 고기	Hackfleisch (das) (Sg.)
닭고기	Hähnchen (das), -
돕다	helfen, half, hat geholfen
배고픔, 굶주림	Hunger (der) (Sg.)
부정의	indefinit
요구르트	Joghurt (der), die Joghurts
커피	Kaffee (der), die Kaffees
추운	kalt
감자	Kartoffel (die), die Kartoffeln
감자 팬케이크	Kartoffelpuffer (der), -
감자 샐러드	Kartoffelsalat (der), die Kartoffelsalate

치즈	Käse (der), die Käse
사다	kaufen, kaufte, hat gekauft
킬로	Kilo (das) (Sg.)
키위	Kiwi (die), die Kiwis
요리하다	kochen, kochte, hat gekocht
~할 수 있다	können, konnte, hat gekonnt
바구니	Korb (der), die Körbe
값이 얼마로 되다.	kosten, kostete, hat gekostet
케이크	Kuchen (der), die Kuchen
허용하다, 용인하다	lassen, ließ, hat gelassen
식품	Lebensmittel (das), die Lebensmittel
맛있는	lecker
좋아하는, 즐겨하는	Lieblings-
목록	Liste (die), die Listen
리터	Liter (der) (Sg.)

만들다	machen, machte, hat gemacht
시장	Markt (der), die Märkte
측량 단위	Maßeinheit (die), die Maßeinheiten
수학	Mathematik (die) (Sg.)
가루, 밀가루	Mehl (das), die Mehle
수량 표시	Mengenangabe (die), die Mengenangaben
(대학의) 구내식당	Mensa (die), die Mensen
우유	Milch (die) (Sg.)
탄산수	Mineralwasser (das), die Mineralwässer
~하고 싶다	möchten (nur Präsens)
문의하다	nachfragen, fragte nach, hat nachgefragt
자연의, 타고난, 물론	natürlich
부정관사	Negativartikel (der), die Negativartikel

명명하다,말하다,붙이다	nennen, nannte, hat genannt
또 무엇을	noch etwas
명사	Nomen (das), die Nomen
적어 두다. 기입하다	notieren, notierte, hat notiert
과일	Obst (das) (Sg.)
기름	Öl (das), die Öle
오렌지	Orange (die), die Orangen
봉지, 포장	Packung (die), die Packungen
팬케이크	Pfannkuchen (der), die Pfannkuchen
후추	Pfeffer (der), die Pfeffer
파운드	Pfund (das) (Sg.)
피자	Pizza (die), die Pizzen
폼프리츠, 포테이토	Pommes (Plural)
몫	Portion (die), die Portionen

가격, 값	Preis (der), die Preise
안내서, 설명서	Prospekt (das), die Prospekte
책장, 서가	Regal (das), die Regale
충분하다	reichen, reichte, hat gereicht
쌀	Reis (der), die Reise
레스토랑	Restaurant (das), die Restaurants
요리법; 처방전	Rezept (das), die Rezepte
쇠고기	Rindfleisch (das) (Sg.)
주스	Saft (der), die Säfte
크림	Sahne (die) (Sg.)
샐러드	Salat (der), die Salate
소금	Salz (das), die Salze
~한 맛이 나다	schmecken, schmeckte, hat geschmeckt
초콜렛	Schokolade (die), die Schokoladen

대접, 사발	Schüssel (die), die Schüsseln
겨자	Senf (der), die Senfe
특별 할인	Sonderangebot (das), die Sonderangebote
그 외에	sonst
스파게티	Spaghetti (Pl.)
스테이크	Steak (das), die Steaks
서(놓여)있다	stehen, stand, hat gestanden
전공하다, 대학에 다니다	studieren, studierte, hat studiert
시간	Stunde (die), die Stunden
슈퍼마켓	Supermarkt (der), die Supermärkte
수프, 국	Suppe (die), die Suppen
차(茶)	Tee (der), die Tees
토마토	Tomate (die), die Tomaten
전체의, 총체의	total

포도	Traube (die), die Trauben
마시다	trinken, trank, hat getrunken
전형적으로	typisch
우리의	unser
아마도	vielleicht
물	Wasser (das), die Wasser / Wässer
부드러운, 유연한	weich
와인	Wein (der), die Weine
세계	Welt (die), die Welten
되다	werden, wurde, ist geworden
뭐라구요?	Wie bitte?
얼마나 많이?	Wie viel?
사전	Wörterbuch (das), die Wörterbücher
소시지	Wurst (die), die Würste
스케치하다, 그림을 그리다	zeichnen, zeichnete, hat gezeichnet

집에 있는	**zu Hause**
설탕	**Zucker (der), die Zucker**
예를 들자면	**zum Beispiel**
함께	zusammen
양파	Zwiebel (die), die Zwiebeln

CHAPTER 4 / LEKTION 4

~로부터(시간)	ab
그러니까, 그래서	also
전화, 통화	Anruf (der), die Anrufe
전화를 걸다	anrufen, rief an, hat angerufen
광고	Anzeige (die), die Anzeigen
원룸 아파트	Apartment (das), die Apartments
일, 노동, 작업	Arbeit (die), die Arbeiten
작업방	Arbeitszimmer (das), -
분위기	Atmosphäre (die), die Atmosphären
욕실	Bad (das), die Bäder
욕조	Badewanne (die), die Badewannen
발코니	Balkon (der), die Balkone
특히	besonders

틀림없이	bestimmt
방문	Besuch (der), die Besuche
방문하다	besuchen, besuchte, hat besucht
침대	Bett (das), die Betten
운동, 이동	Bewegung (die), die Bewegungen
지불하다, 돈을쓰다	bezahlen, bezahlte, hat bezahlt
싼,천한	billig
파랑색의	blau
갈색의	braun
넓은	breit
책(冊)	Buch (das), die Bücher
사무실	Büro (das), die Büros
약, 대략	circa (ca.)
확정된	definit
이,저(지시 대명사)	diese
저기에	dort
짙은 색의, 어두운	dunkel

짙은 빨간색의	dunkelrot
샤워시설	Dusche (die), die Duschen
상관없이	egal
부부(夫婦)	Ehepaar (das), die Ehepaare
가전제품	Elektrogerät (das), die Elektrogeräte
~가 있다	es gibt, es gab, es hat gegeben
색, 색채	Farbe (die), die Farben
텔레비전	Fernseher (der), -
발견하다	finden, fand, hat gefunden
복도	Flur (der), die Flure
자유로운	frei
친절한	freundlich
~을 위하여	für
완전한	ganz
조금도 아니다	gar nicht

차고	Garage (die), die Garagen
정원	Garten (der), die Gärten
(누구의) 마음에 들다	gefallen, gefiel, hat gefallen
~의것이다	gehören, gehörte, hat gehört
노란색의	gelb
기구, 기계	Gerät (das), die Geräte
믿다	glauben, glaubte, hat geglaubt
회색의	grau
큰	groß
녹색의	grün
추한, 흉한	hässlich
집, 개인주택	Haus (das), die Häuser
공책, 노트	Heft (das), die Hefte
엷은 색의, 밝은	hell
레인지, 화덕, 아궁이	Herd (der), die Herde

나무, 목재	Holz (das), die Hölzer
항상	immer
흥미로운	interessant
보증금	Kaution (die), die Kautio-nen
어린이방	Kinderzimmer (das), -
작은	klein
부엌	Küche (die), die Küchen
냉장고	Kühlschrank (der), die Kühlschränke
위치,장소	Lage (die), die Lagen
램프	Lampe (die), die Lampen
유감스럽게도	leider
좋아한다,사랑하다	lieben, liebte, hat geliebt
명령형 문장에서 요구	mal
최고의,최대의	maximal
세,임대료	Miete (die), die Mieten

빌리다	mieten, mietete, hat gemietet
세, 임대료	Mietpreis (der), die Miet- preise
적어도	mindestens
한구운데, 중앙에	mitten
가구	Möbel (das), -
가구가 비치되어 있는	möbliert
현대적인	modern
달	Monat (der), die Monate
한달 임대료	Monatsmiete (die), die Monatsmieten
~으로, ~후에(3격전치사)	nach
즉	nämlich
자연	Natur (die), die Naturen
부대비용(전기세,수도세…)	Nebenkosten (Pl.)
부정사	Negation (die), die Nega- tionen
친절한	nett

위에	oben
정리하다	ordnen, ordnete, hat geordnet
정리, 배열	Ordnung (die), die Ordnungen
장소	Ort (der), die Orte
인칭대명사	Personalpronomen (das), -
실용적인	praktisch
적당한 가격의	preiswert
	privat
~마다, ~에	pro
평방미터	Quadratmeter (der), -
들어오다	reinkommen, kam rein, ist reingekommen
빨간색의	rot
조용한	ruhig
물건	Sache (die), die Sachen
수집하다	sammeln, sammelte, hat gesammelt

침실	Schlafzimmer (das), -
좁은	schmal
빨리	schnell
아름다운	schön
장,장롱	Schrank (der), die Schränke
책상	Schreibtisch (der), die Schreibtische
검은색의	schwarz
안락의자	Sessel (der), -
소파	Sofa (das), die Sofas
즉시	sofort
펜	Stift (der), die Stifte
층	Stock (der), -
의자	Stuhl (der), die Stühle
테블릿	Tablet (das), die Tablets
매일	täglich
양탄자	Teppich (der), die Teppiche
테라스	Terrasse (die), die Terrassen

비싼	teuer
탁자, 테이블, 책상	Tisch (der), die Tische
화장실	Toilette (die), die Toiletten
약, 대략	ungefähr
빌려주다, 임대하다	vermieten, vermietete, hat vermietet
이해하다	verstehen, verstand, hat verstanden
우선, 무엇보다도	vor allem
따뜻한	warm
왜	warum?
난방비를 포함한 임대/임대료	Warmmiete (die), die Warmmieten
세면대	Waschbecken (das), -
세탁기	Waschmaschine (die), die Waschmaschinen
하얀색의	weiß
누구에게	wem?
만약 ~한다면	wenn
다시	wieder
실제의, 진짜의	wirklich

주(週)	Woche (die), die Wochen
주거 면적	Wohnfläche (die), die Wohnflächen
주거 공간	Wohnraum (der), die Wohnräume
집, 주거지	Wohnung (die), die Wohnungen
부동산 거래를 위한 광고	Wohnungsanzeige (die), die Wohnungsanzeigen
거실	Wohnzimmer (das), -
희망하다	wünschen, wünschte, hat gewünscht
시간	Zeit (die), die Zeiten
상당한,대체로	ziemlich
방, 실(室)	Zimmer (das), -

CHAPTER 5 / LEKTION 5

출발	Abfahrt (die), die Abfahrten
모두	alle
시작하다	anfangen, fing an, hat angefangen
안내, 예고	Ansage (die), die Ansagen
일하다	arbeiten, arbeitete, hat gearbeitet
정리,정돈하다, 치우다	aufräumen, räumte auf, hat aufgeräumt
일어나다, 기상하다	aufstehen, stand auf, ist aufgestanden
외출하다	ausgehen, ging aus, ist ausgegangen
방문객	Besucher (der), -
도서관	Bibliothek (die), die Bibliotheken
카페	Café (das), die Cafés
채팅하다	chatten, chattete, hat gechattet

컴퓨터 게임	Computerspiel (das), die Computerspiele
독일어 코스	Deutschkurs (der), die Deutschkurse
화요일	Dienstag (der), die Dienstage
목요일	Donnerstag (der), die Donnerstage
어리석은, 미련한, 우둔한	dumm
~을 통과하여, 거쳐서	durch
입장 허가	Einlass (der), die Einlässe
맨 처음의; ~에서야	erst
(남자/여자) 어른	Erwachsene (der/die), die Erwachsenen
이야기하다, 말하다	erzählen, erzählte, hat erzählt
유럽	Europa
타고 가다	fahren, fuhr, ist gefahren
자전거	Fahrrad (das), die Fahrräder
거의, 대략	fast

(공)휴일	Feiertag (der), die Feiertage
텔레비전을 보다	fernsehen, sah fern, hat ferngesehen
영화	Film (der), die Filme
헬스 센터	Fitnessstudio (das), die Fitnessstudios
금요일	Freitag (der), die Freitage
이른, 일찍	früh
아침식사	Frühstück (das), die Frühstücke
아침을 먹다	frühstücken, frühstückte, hat gefrühstückt
축구	Fußball (der), die Fußbälle
생일	Geburtstag (der), die Geburtstage
가다	gehen, ging, ist gegangen
열려 있는	geöffnet
영업 시간	Geschäftszeit (die), die Geschäftszeiten

문 닫힌	geschlossen
유리로 된 둥근 지붕, 유리반구	Glaskuppel (die), die Glaskuppeln
곧, 바로; 같은, 동일한	gleich
절반의, 30분을 독일어로 읽을 때 사용	halb
주문장, 주절	Hauptsatz (der), die Hauptsätze
숙제, 과제	Hausaufgabe (die), die Hausaufgaben
오늘	heute
하늘	Himmel (der), -
예쁜, 귀여운	hübsch
속성(집중)과정	Intensivkurs (der), die Intensivkurse
각각의	jeder, jede, jedes
조깅하다	joggen, joggte, ist gejoggt
7월	Juli (der), die Julis
백화점	Kaufhaus (das), die Kaufhäuser

무엇을/누구를 알게 되다	kennenlernen, lernte kennen, hat kennengelernt
영화관	Kino (das), die Kinos
수정하다, 고치다	korrigieren, korrigierte, hat korrigiert
짧은	kurz
긴; 오래; ... 동안	lang
지루한	langweilig
배우다, 학습하다	lernen, lernte, hat gelernt
최후의, 최종의	letzt
즐거운, 유쾌한, 명랑한	lustig
5월	Mai (der), die Maie
가끔, 이따금, 때때로	manchmal
3월	März (der), die Märze
함께하다	mitmachen, machte mit, hat mitgemacht
정오, 낮	Mittag (der), die Mittage
점심식사 (단수로만 사용)	Mittagessen (das), -

수요일	Mittwoch (der), die Mittwoche
가능한	möglich
월요일	Montag (der), die Montage
내일	morgen
아침	Morgen (der), -
피곤한, 피로한	müde
박물관	Museum (das), die Museen
집으로	nach Hause
오후	Nachmittag (der), die Nachmittage
뉴스	Nachrichten (Pl.)
공식적으로	offiziell
개점(개관)시간	Öffnungszeit (die), die Öffnungszeiten
10월	Oktober (der), -
계획	Plan (der), die Pläne
전치사	Präposition (die), die Präpositionen

제출, 제시	Präsentation (die), die Präsentationen
의원, 개인 병원	Praxis (die), die Praxen
프로그램	Programm (das), die Programme
독일제국의회 둥근 지붕	Reichstagskuppel (die) (Sg.)
토요일	Samstag (der), die Samstage
배	Schiff (das), die Schiffe
자다	schlafen, schlief, hat geschlafen
벌써	schon
보다	sehen, sah, hat gesehen
셀프서비스 레스토랑	Selbstbedienungsrestaurant (das), die Selbstbedienungsrestaurants
토요일	Sonnabend (der), die Sonnabende
일요일	Sonntag (der), die Sonntage

늦은	spät
산보하다, 산책하다	spazieren gehen, ging spazieren, ist spazieren gegangen
놀다, 놀이하다	spielen, spielte, hat gespielt
시내중심가	Stadtzentrum (das), die Stadtzentren
하루의 (어떤) 시각	Tageszeit (die), die Tageszeiten
시간의, 때의	temporal
기일; 약속	Termin (der), die Termine
일정기록용 메모장	Terminkalender (der), -
투어, 순회 관광	Tour (die), die Touren
만나다	treffen, traf, hat getroffen
분리할 수 있는	trennbar
모레	übermorgen
시계; 시(時)	Uhr (die), die Uhren
시각	Uhrzeit (die), die Uhrzeiten

주위를	um
약속, 약속된 만남	Verabredung (die), die Verabredungen
15분 단위를 독일어로 읽을 때 사용	Viertel nach/vor
~부터 ~까지	von ... bis
전에	vor
오전	Vormittag (der), die Vormittage
제안	Vorschlag (der), die Vorschläge
언제?	wann?
때문에	wegen
서쪽	Westen (der) (Sg.)
몇 시 입니까?	Wie spät?
주말	Wochenende (das), die Wochenenden
스케치하다, 그림을 그리다	zeichnen, zeichnete, hat gezeichnet
시간	Zeit (die), die Zeiten

CHAPTER 6 / LEKTION 6

4격	Akkusativ (der), die Akkusative
활동성	Aktivität (die), die Aktivitäten
홀로, 혼자	allein
할인, 세일, 공급	Angebot (das), die Angebote
사과 주스	Apfelsaft (der), die Apfelsäfte
소풍	Ausflug (der), die Ausflüge
자동차	Auto (das), die Autos
나무 (식물)	Baum (der), die Bäume
산맥	das Gebirge, die Gebirge
구름이 낀	bewölkt
머무르다, 남다	bleiben, blieb, ist geblieben
가져오다, 데려오다	bringen, brachte, hat gebracht

물건, 사물	Ding (das), die Dinge
자기의, 자신의	eigene
몇몇의	ein paar
아이스크림	Eis (das), -
마침내	endlich
용서하다	entschuldigen (sich), entschuldigte sich, hat sich entschuldigt
다음의	folgende
사진 찍다	fotografieren, fotografierte, hat fotografiert
자유시간	Freizeit (die), die Freizeiten
봄	Frühling (der), die Frühlinge
봄	Frühjahr (das), die Frühjahre
주다	geben, gab, hat gegeben
기타 (악기)	Gitarre (die), die Gitarren
행운, 요행	Glück (das) (Sg.)

온도, 도(度)	Grad (das), die Grade (aber: 30 Grad Celsius)
그릴하다	grillen, grillte, hat gegrillt
살피다, 응시하다	gucken, guckte, hat geguckt
핸드폰	Handy (das), die Handys
더운, 뜨거운	heiß
가을	Herbst (der), die Herbste
취미	Hobby (das), die Hobbys
개	Hund (der), die Hunde
아이디어	Idee (die), die Ideen
섬	Insel (die), die Inseln
흥미로운, 관심을 끄는	interessant
인터넷	Internet (das) (Sg.)
계절	Jahreszeit (die), die Jahreszeiten
추운, 찬	kalt

지도	Karte (die), die Karten
치즈 빵	Käsebrot (das), die Käsebrote
알다, 식별하다	kennen, kannte, hat gekannt
케첩	Ketchup (der/das), die Ketchups
탐정 소설, 범죄 영화	Krimi (der), die Krimis
볼펜	Kugelschreiber (der), -
가게	Laden (der), die Läden
읽다	lesen, las, hat gelesen
보다 좋아하여, 차라리	lieber
가장 좋아하는	liebst
출발하다, 떠나다	losgehen, ging los, ist losgegangen
더 많이	mehr
대개	meist
분 (시간단위)	Minute (die), die Minuten
가지고 가다	mitnehmen, nahm mit, hat mitgenommen

중앙, 중간	Mitte (die), die Mitten
좋아하다	mögen, mochte, hat gemocht
가능(성)	Möglichkeit (die), die Möglichkeiten
산악 자전거	Mountainbike (das), die Mountainbikes
하모니카	Mundharmonika (die), die Mundharmonikas
바로 다음에	nächste
1격	Nominativ (der), die Nominative
북쪽	Norden (der) (Sg.)
자주	oft
더 자주	öfter
오렌지 주스	Orangensaft (der), die Orangensäfte
동쪽	Osten (der) (Sg.)
피크닉, 야외에서의 식사	Picknick (das), die Picknicks
문제	Problem (das), die Probleme

예측	Prognose (die), die Prognosen
청소하다	putzen, putzte, hat geputzt
라디오	Radio (das), die Radios
말하다	reden, redete, hat geredet
비	Regen (der), -
비가 오다	regnen, regnete, hat geregnet
여행	Reise (die), die Reisen
여행하다	reisen, reiste, ist gereist
(장편) 소설	Roman (der), die Romane
배낭	Rucksack (der), die Rucksäcke
빛나다	scheinen, schien, hat geschienen
보내다	schicken, schickte, hat geschickt
햄	Schinken (der), -
나쁜	schlecht

눈	Schnee (der) (Sg.)
눈이 오다	schneien, schneite, hat geschneit
수영하다	schwimmen, schwamm, ist/ hat geschwommen
범주하다	segeln, segelte, hat gesegelt
스키	Ski (der), die Skier
스키타다	Ski fahren, fuhr Ski, ist Ski gefahren
노르딕 선수	Skilangläufer (der), -
여름	Sommer (der), -
태양,해	Sonne (die), die Sonnen
햇볕이 비치는	sonnig
재미; 농담	Spaß (der), die Späße
음식, 요리	Speise (die), die Speisen
식단,메뉴	Speisekarte (die), die Speisekarten
강한, 심한	stark

올라가다, 오르다	steigen, stieg, ist gestiegen
남쪽	Süden (der) (Sg.)
파도타다	surfen, surfte, hat gesurft
춤추다	tanzen, tanzte, hat getanzt
가방	Tasche (die), die Taschen
전화하다	telefonieren (mit), telefonierte mit, hat telefoniert mit
온도, 기온	Temperatur (die), die Temperaturen
테니스	Tennis (das) (Sg.)
테니스를 치다	Tennis spielen, spielte Tennis, hat Tennis gespielt
아주 좋은	toll
도처에	überall
주 중에	unter der Woche
휴가	Urlaub (der), die Urlaube

잊다	vergessen, vergaß, hat vergessen
협회, 클럽, 동아리	Verein (der), die Vereine
전에	vorher
도보로 여행하다	wandern, wanderte, ist gewandert
씻다, 빨래하다	waschen, wusch, hat gewaschen
숲, 삼림	Wald (der), die Wälder
서쪽	Westen (der) (Sg.)
날씨	Wetter (das), die Wetter
일기 예보	Wetterbericht (der), die Wetterberichte
중요한	wichtig
바람	Wind (der), die Winde
바람 부는	windig
겨울	Winter (der), -
구름	Wolke (die), die Wolken

훌륭한	wunderbar
작은 소시지	Würstchen (das), -
다행히도	zum Glück
현재	zurzeit
~사이에	zwischen

CHAPTER 7 / LEKTION 7

홀로, 혼자	allein
~행하다	anstellen, stellte an, hat angestellt
항스트레스 세미나	Anti-Stress-Kurs (der), die Anti-Stress-Kurse
일, 노동	Arbeit (die), die Arbeiten
상세하게, 자세히	ausführlich
외침	Ausruf (der), die Ausrufe
~처럼 보이다	aussehen, sah aus, hat ausgesehen
발음	Aussprache (die) (Sg.)
(빵·과자를) 굽다	backen, backte/buk, hat gebacken
시작하다	beginnen, begann, hat begonnen
인사하다	begrüßen, begrüßte, hat begrüßt

묘사하다	beschreiben, beschrieb, hat beschrieben
컴퓨터	Computer (der), -
컴퓨터 코스	Computerkurs (der), die Computerkurse
그 후에	danach
그 밖의 것	das Sonstige
생각하다	denken, dachte, hat gedacht
멍청이	Depp (der), die Deppen
효과적인	effektiv
기입하다	eintragen, trug ein, hat eingetragen
끝	Ende (das), die Enden
설명하다	erklären, erklärte, hat erklärt
설명	Erklärung (die), die Erklärungen
능력	Fähigkeit (die), die Fähigkeiten
오류, 실수, 잘못	Fehler (der), -

작동하다, 기능을 발휘하다	funktionieren, funktionierte, hat funktioniert
이전에, 예전에	früher
어제	gestern
그룹 작업	Gruppenarbeit (die), die Gruppenarbeiten
(일이) 잘 되고 있다	gut gehen, ging gut, ist gut gegangen / gutgehen, ging gut, ist gutgegangen
물구나무서기	Handstand (der), die Handstände
도움	Hilfe (die), die Hilfen
훌라후프	Hula-Hoop-Reifen (der), -
쳇	Igitt!
개인의	individuell
어떤 사람	jemand
곡예를 하다	jonglieren, jonglierte, hat jongliert
고장난	kaputt
킬로미터	Kilometer (der), -

물론	klar
학급, 반	Klasse (die), die Klassen
피아노	Klavier (das), die Klaviere
값	Kosten (Pl.)
제공되는 코스	Kursangebot (das), die Kursangebote
웃다	lachen, lachte, hat gelacht
천천히	langsam
삶	Leben (das), -
살아 있는	lebend
선생, 교사	Lehrer (der), -
학습 도움	Lerntipp (der), die Lerntipps
독자	Leser (der), -
무슨 일이니?	los sein, war los, ist los gewesen
그리다	malen, malte, hat gemalt
양	Menge (die), die Mengen

화법조동사	Modalverb (das), die Modalverben
아침에, 아침마다	morgens
물론이지	na klar
부정적인	negativ
전혀 ~한 적이 없다	nie
오페라 (가극; 극장)	Oper (die), die Opern
짝지어 연습하기	Partnerarbeit (die), die Partnerarbeiten
완벽한	perfekt
현재 완료	Perfekt (das), die Perfekte
사적인	persönlich
피	Pfui!
플랜카드, 벽보	Plakat (das), die Plakate
정치 세미나	Politikseminar (das), die Politikseminare
긍정적인	positiv
심리학	Psychologie (die), die Psychologien

현재형	Präsens (das), -
둥근 테; 타이어	Reifen (der), -
말을 타다	reiten, ritt, ist/hat geritten
냄새가 나다	riechen, roch, hat ge-rochen
색소폰	Saxofon (das), die Saxo-fone
유감스러운	schade
학교	Schule (die), die Schulen
수영장	Schwimmbad (das), die Schwimmbäder
(뒤)흔들다, 흔들어 움직이다	schwingen, schwang, hat geschwungen
스스로	selbst
세미나	Seminar (das), die Semi-nare
수직의	senkrecht
틀림없이	sicher
노래하다	singen, sang, hat gesun-gen
문자메시지	SMS (die), -

심지어	sogar
그러한	solche
재미	Spaß (der), die Späße
뜨다, 짜다	stricken, strickte, hat gestrickt
학업; 공부	Studium (das) (Sg.)
연극을 올리는 극장	Theater (das), -
암시, 힌트, 조언	Tipp (der), die Tipps
연습하다	üben, übte, hat geübt
연습	Übung (die), die Übungen
믿을 수 없는	unglaublich
수업	Unterricht (der), die Unterrichte
꽃병	Vase (die), die Vasen
~을 약속하다	verabreden, verabredete, hat verabredet
작별 인사를 하다	verabschieden, verabschiedete, hat verabschiedet

추측	Vermutung (die), die Vermutungen
아니라고 대답하다	verneinen, verneinte, hat verneint
이해하다	verstehen, verstand, hat verstanden
의도하다	vorhaben, hatte vor, hat vorgehabt
앞에	vorne
제안	Vorschlag (der), die Vorschläge
수평의	waagerecht
진실한	wahr
재교육	Weiterbildung (die), die Weiterbildungen
중요한	wichtig
반대하다	widersprechen, widersprach, hat widersprochen
~처럼	wie
아마도	wohl
~원하다	wollen, wollte, hat gewollt

희망, 소망	Wunsch (der), die Wünsche
세다	zählen, zählte, hat gezählt
시간 관리	Zeitmanagement (das) (Sg.)
시간 계획	Zeitplanung (die), Zeitplanungen
잡지	Zeitschrift (die), die Zeitschriften
신문	Zeitung (die), die Zeitungen
동의하다	zustimmen, stimmte zu, hat zugestimmt

CHAPTER 8 / LEKTION 8

시작	Anfang (der), die Anfänge
채용된	angestellt
4월	April (der), die Aprile
노동자, 근로자	Arbeiter (der), -
실업 상태의	arbeitslos
건축가, 건축기사, 설계사	Architekt (der), die Architekten
남자 의사	Arzt (der), die Ärzte
여의사	Ärztin (die), die Ärztinnen
8월	August (der), die Auguste
오페어	Au-pair-Mädchen (das), -
교육, 양성, 훈련	Ausbildung (die), die Ausbildungen
견습생, 수습공	Auszubildende (der/die), die Auszubildenden

(빵·과자를) 굽다	backen, backte/buk, hat gebacken
제빵사	Bäcker (der), -
받다	bekommen, bekam, hat bekommen
준비가 되어있다	bereit sein, war bereit, ist bereit gewesen
산(山)	Berg (der), die Berge
직업	Beruf (der), die Berufe
직업 활동을 하는	berufstätig
지망하다, 응모하다	bewerben (sich), bewarb sich, hat sich beworben
지원, 지망, 지원서	Bewerbung (die), die Bewerbungen
신청 서류	Bewerbungsunterlagen (Pl.)
교육, 교양	Bildung (die) (Sg.)
직종, 분야, 영역, 부문	Branche (die), die Branchen
컴퓨터에 대한 지식	Computerkenntnisse (Pl.)

3격	Dativ (der), die Dative
지속되다	dauern, dauerte, hat gedauert
12월	Dezember (der), -
서비스 업	Dienstleistung (die), die Dienstleistungen
학위 증서	Diplom (das), die Diplome
밖에서, 외부에서	draußen
실제로; 도대체	eigentlich
단독의, 개별적인	einzeln
끝나다	enden, endete, hat geendet
필요한, 필수의	erforderlich
2월	Februar (der), die Februare
축제	Fest (das), die Feste
비행기의 여자승무원	Flugbegleiterin (die), die Flugbegleiterinnen
사진이 잘 받는	fotogen
즐거움	Freude (die), die Freuden

인도하다, 안내하다	führen, führte, hat geführt
운전면허증	Führerschein (der), die Führerscheine
자료를 주다, (동물에게) 먹이다	füttern, fütterte, hat gefüttert
바로, 지금 막	gerade
독어독문학	Germanistik (die) (Sg.)
운이 좋은, 행복한	glücklich
그래픽	Grafik (die), die Grafiken
머리카락	Haar (das), die Haare
주부(主婦)	Hausfrau (die), die Hausfrauen
건물 관리인	Hausmeister (der), -
결혼하다	heiraten, heiratete, hat geheiratet
결혼식	Hochzeit (die), die Hochzeiten
인도	Indien
컴퓨터전산학	Informatik (die) (Sg.)

컴퓨터전산학에 대한 지식	Informatikkenntnisse (Pl.)
기사, 기술자	Ingenieur (der), die Ingenieure
인터뷰, 면접	Interview (das), die Interviews
1월	Januar (der), die Januare
직업, 직장	Job (der), die Jobs
기자, 언론인	Journalist (der), die Journalisten
6월	Juni (der), die Junis
여상인	Kauffrau (die), die Kauffrauen
(남자) 상인	Kaufmann (der), die Kaufleute
상업적인, 상업에 정통한	kaufmännisch
웨이트리스	Kellnerin (die), die Kellnerinnen
지식, 앎	Kenntnis (die), die Kenntnisse
유치원	Kindergarten (der), die Kindergärten

동료	Kollege (der), die Kollegen
남자 간호사	Krankenpfleger (der), -
여자 간호사	Krankenschwester (die), die Krankenschwestern
고객, 손님	Kunde (der), die Kunden
배달하다, 제공하다	liefern, lieferte, hat geliefert
마케팅	Marketing (das) (Sg.)
마케팅부 (과)	Marketingabteilung (die), die Marketingabteilungen
친절어린 인사를 드리며 (편지의 말미에 쓰는 문구)	mit freundlichen Grüßen
받아쓰다, 필기하다	mitschreiben, schrieb mit, hat mitgeschrieben
아직 ~아니다	noch nicht
보통	normalerweise
11월	November (der), -

어떤 지역에 대한 지식	Ortskenntnisse (Pl.)
교육학	Pädagogik (die), die Pädagogiken
소포, 상자	Paket (das), die Pakete
인사과(부)장	Personalchef (der), die Personalchefs
돌보다, 간호하다, 보호하다	pflegen, pflegte, hat gepflegt
여성 물리 치료사	Physiotherapeutin (die), die Physiotherapeutinnen
인턴	Praktikant (der), die Praktikanten
여 인턴	Praktikantin (die), die Praktikantinnen
인턴십	Praktikum (das), die Praktika
인턴십 기간	Praktikumsdauer (die) (Sg.)
과거형	Präteritum (das), die Präterita
1. 실제 (단수로만 사용); 2.개인 병원, 지료소	Praxis (die), die Praxen

현실	Realität (die), die Realitäten
친애하는 ...씨,(편지에 서두에 쓰는 문구) (남자대상)	Sehr geehrter Herr ...
~이래, ~부터	seit
자립적인, 독립적인	selbstständig
학기	Semester (das), -
안전, 확실성	Sicherheit (die), die Sicherheiten
스포츠에 관계되는	sportlich
일자리	Stelle (die), die Stellen
채용 공고	Stellenanzeige (die), die Stellenanzeigen
펜	Stift (der), die Stifte
전류	Strom (der), die Ströme
장면	Szene (die), die Szenen
기술적인, 공업의	technisch
시간적인, 일시적인	temporal

주제, 테마	Thema (das), die Themen
꿈	Traum (der), die Träume
대체로, 도대체	überhaupt
헝가리 여자	Ungarin (die), die Ungarinnen
협정	Vereinbarung (die), die Vereinbarungen
처분, 명령, 지시	Verfügung (die), die Verfügungen
임금, 보수	Vergütung (die), die Vergütungen
팔다, 판매하다	verkaufen, verkaufte, hat verkauft
여 판매원, 여 점원	Verkäuferin (die), die Verkäuferinnen
소개하다	vorstellen (sich), stellte sich vor, hat sich vorgestellt
적은, 근소한, 소량의	wenig
서쪽의;	westlich
얼마나 오래?	wie lange?

경제; 경제학	Wirtschaft (die) (Sg.)
경제에 관련된 지식	Wirtschaftskenntnisse (Pl.)
지식	Wissen (das) (Sg.)
격노한	wütend
학교에 가다	zur Schule gehen, ging zur Schule, ist zur Schule gegangen
사용 가능하다	zur Verfügung stehen, stand zur Verfügung, hat/ist zur Verfügung gestanden

CHAPTER 9 / LEKTION 9

맡기다, 건네주다	abgeben, gab ab, hat abgegeben
출발, 여행을 떠남	Abreise (die), die Abreisen
도착, (목적지를 향한) 여행	Anreise (die), die Anreisen
신청서	Antrag (der), die Anträge
알림, 정보, 안내	Auskunft (die), die Auskünfte
외국의	ausländisch
끄다	ausmachen, machte aus, hat ausgemacht
선택하다	auswählen, wählte aus, hat ausgewählt
증서, 허가증, 면허증	Ausweis (der), die Ausweise
관람하다, 돌아보다	besichtigen, besichtigte, hat besichtigt
전망, 쳐다봄, 시선, 광경	Blick (der), die Blicke

예약하다	buchen, buchte, hat gebucht
문서, 자료, 기록	Dokument (das), die Dokumente
대성당	Dom (der), die Dome
2인용 방	Doppelzimmer (das), -
~을 허락하다, 화법 조동사	dürfen, durfte, hat gedurft
진짜의, 순수한	echt
입장, 들어감	Eintritt (der), die Eintritte
입장권	Eintrittskarte (die), die Eintrittskarten
입장료	Eintrittspreis (der), die Eintrittspreise
주민, 거주자	Einwohner (der), -
1인실, 독방	Einzelzimmer (das), -
허용된	erlaubt
할인된	ermäßigt
할인, 가격인하	Ermäßigung (die), die Ermäßigungen

승차권 자동판매기	Fahrkartenautomat (der), die Fahrkartenautomaten
카니발, 사육제	Fasching (der), die Faschinge / Faschings
창, 창문	Fenster (das), -
음악[연극·영화]제	Festspiele (Pl.)
강, 하천	Fluss (der), die Flüsse
드라이기	Föhn (der), die Föhne
사진 촬영하다, 사진 찍다	fotografieren, fotografierte, hat fotografiert
낯선	fremd
(여행) 안내	Führung (die), die Führungen
작동하다, 기능을 발휘하다	funktionieren, funktionierte, hat funktioniert
요금, 수수료	Gebühr (die), die Gebühren
보편적인	generell
수화물, 짐	Gepäck (das) (Sg.)

(아침식사를 포함하여 두끼만 제공하는 조건의) 숙박	Halbpension (die), die Halbpensionen
호텔 안내처	Hotelrezeption (die), die Hotelrezeptionen
이상적인, 이상의	ideal
명령형	Imperativ (der), die Imperative
팜플렛 (소책자)	Informationsbroschüre (die), die Informationsbroschüren
~을 포함하여, ~을 넣어	inklusive
아무 문제 없다, 정상이다	in Ordnung
안의, 내부의	innerhalb
집중적인, 심도 있는	intensiv
카니발, 사육제	Karneval (der), die Karnevale / Karnevals
카니발 축제	Karnevalsfest (das), die Karnevalsfeste
매표소, (회계) 창구	Kasse (die), die Kassen

에어컨	Klimaanlage (die), die Klimaanlagen
콘서트	Konzert (das), die Konzerte
큰 소리로	laut
조용히	leise
엘리베이터	Lift (der), die Lifte/Lifts
공동 침실	Mehrbettzimmer (das), -
함께 오다	mitkommen, kam mit, ist mitgekommen
확인하다	nachsehen, sah nach, hat nachgesehen
~ 없이. 4격 지배 전치사	ohne
버스 터미널	Omnibusbahnhof (der), die Omnibusbahnhöfe
오페라 공연업	Opernaufführung (die), die Opernaufführungen
원래의, 원본의	original
신분 증명서, 여권	Papiere (Pl.)

주차하다	parken, parkte, hat geparkt
여권	Pass (der), die Pässe
멋진, 훌륭한	phantastisch
프로그램	Programm (das), die Programme
대명사	Pronomen (das), -
정확한, 정시의	pünktlich
충고, 조언	Ratschlag (der), die Ratschläge
담배를 피다	rauchen, rauchte, hat geraucht
규칙	Regel (die), die Regeln
예약하다	reservieren, reservierte, hat reserviert
안내처	Rezeption (die), die Rezeptionen
둥근, 원형의	rund
명소, 구경거리	Sehenswürdigkeit (die), die Sehenswürdigkeiten

방송, 프로그램; 탁송	Sendung (die), die Sendungen
시야, 전망	Sicht (die) (Sg.)
특별한, 특수한	speziell
시가지도	Stadtplan (der), die Stadtpläne
시내 관광	Stadtrundgang (der), die Stadtrundgänge
세우다, 놓다	stellen, stellte, hat gestellt
스탬프를 찍다, 소인을 찍다	stempeln, stempelte, hat gestempelt
승차권, 탑승권, 입장권	Ticket (das), die Tickets
제목, 칭호, 존칭	Titel (der), -
여행객, 관광객	Tourist (der), die Touristen
숙박	Übernachtung (die), die Übernachtungen
무조건, 절대적으로	unbedingt
착수하다, 행하다	unternehmen, unternahm, hat unternommen

서명하다	unterschreiben, unter-schrieb, hat unterschrieben
도중에, 여행 중에	unterwegs
금지된	verboten
하루 세끼 식사를 주는 하숙	Vollpension (die), die Vollpensionen
자라다, 성장하다	wachsen, wuchs, ist gewachsen
선택하다, 고르다	wählen, wählte, hat gewählt
~하는 동안	während
기다리다	warten, wartete, hat gewartet
대합실	Wartebereich (der), die Wartebereiche
거스름돈	Wechselgeld (das), die Wechselgelder
길, 도로	Weg (der), die Wege
무엇에 관하여	worüber
목표, 목적지	Ziel (das), die Ziele
담배	Zigarette (die), die Zi-garetten

경청하다, 귀를 기울이다	zuhören, hörte zu, hat zugehört
마지막으로	zum Schluss
닫다, 닫는다	zumachen, machte zu, hat zugemacht

CHAPTER 10 / LEKTION 10

(약속을) 취소하다	absagen, sagte ab, hat abgesagt
발송인, 발신인	Absender (der), -
부모 중 한 사람이 양육하는	alleinerziehend
고치다, 변경하다	ändern, änderte, hat geändert
문의, 조회, 질의	Anfrage (die), die Anfragen
호칭, 말 걸기	Anrede (die), die Anreden
전화	Anruf (der), die Anrufe
전화를 거는 사람	Anrufer (der), -
팔	Arm (der), die Arme
불쌍한 남자/여자	Arme (der/die), die Armen
눈	Auge (das), die Augen
~을 돌보다; ~에 주의하다	aufpassen, passte auf, hat aufgepasst

휴강하게 되다	ausfallen
알림, 정보, 안내	Auskunft (die), die Auskünfte
시험해보다, 시도하다	ausprobieren, probierte aus, hat ausprobiert
배	Bauch (der), die Bäuche
복통	Bauchschmerzen (Pl.)
다리	Bein (das), die Beine
아는 남자/여자; 친구	Bekannte (der/die), die Bekannten
관련 사항	Betreff (der), die Betreffe
제공하다, 제의하다	bieten, bot, hat geboten
이따 봐!	bis später!
가슴	Brust (die), die Brüste
날짜	Datum (das), die Daten
뚱뚱한; 부은	dick
박사; 의사	Doktor (der), die Doktoren

목요일에	donnerstags
수취인, 수신인	Empfänger (der), -
열(熱), 열병	Fieber (das), -
손가락	Finger (der), -
미용사	Frisör (der), die Frisöre
발	Fuß (der), die Füße
위험한, 위태로운	gefährlich
즐기다	genießen, genoss, hat genossen
건강한	gesund
건강	Gesundheit (die) (Sg.)
건강 문제	Gesundheitsproblem (das), die Gesundheitsprobleme
목	Hals (der), die Hälse
인후통	Halsschmerzen (Pl.)
손	Hand (die), die Hände
바라건대, 아마, 희망컨대	hoffentlich
기침하다	husten, hustete, hat gehustet

기침	Husten (der), -
미리, 앞서서	im Voraus
접촉, 관계, 교제	Kontakt (der), die Kontakte
머리	Kopf (der), die Köpfe
두통	Kopfschmerzen (Pl.)
몸	Körper (der), -
신체의 부분	Körperteil (das), die Körperteile
아픈, 병든	krank
병, 질병	Krankheit (die), die Krankheiten
키스	Kuss (der), die Küsse
마사지	Massage (die), die Massagen
여성 안마사	Masseurin (die), die Masseurinnen
사람	Mensch (der), die Menschen
괴물, 요물	Monster (das), -
입	Mund (der), die Münder

코	Nase (die), die Nasen
응급실	Notaufnahme (die), die Notaufnahmen
비상시	Notfall (der), die Notfälle
신경질적인, 신경과민의	nervös
지금, 이제	nun
열다, 개봉하다	öffnen, öffnete, hat geöffnet
귀	Ohr (das), die Ohren
충고, 조언, 권고	Rat (der), die Räte
관용구, 숙어	Redewendung (die), die Redewendungen
역할놀이(극)	Rollenspiel (das), die Rollenspiele
등	Rücken (der), -
등 통증	Rückenschmerzen (Pl.)
연고(軟膏)	Salbe (die), die Salben
수면장애	Schlafstörung (die), die Schlafstörungen
좋지 않은, 나쁜, 심한	schlimm

아픔, 고통	Schmerzen (Pl.)
진통제	Schmerztablette (die), die Schmerztabletten
더러운, 추잡한	schmutzig
코감기	Schnupfen (der), -
친애하는 숙녀, 신사 여러분!	Sehr geehrte Damen und Herren
그의, 그것의	sein/seine
입장, 사정	Situation (die), die Situationen
햇볕에 심하게 탐	Sonnenbrand (der), die Sonnenbrände
시작하다	starten, startete, hat gestartet
알약	Tablette (die), die Tabletten
기일 약속, 날짜 약속, 예약	Terminvereinbarung (die), die Terminvereinbarungen
치료 (요법)	Therapie (die), die Therapien
죽은	tot

죽은 사람, 사자(死者)	Tote (der/die), die Toten
만나는 곳, 집합장소	Treffpunkt (der), die Treffpunkte
사고(事故)	Unfall (der), die Unfälle
서명	Unterschrift (die), die Unterschriften
철저히 점검하다,검진하다	untersuchen, untersuchte, hat untersucht
협약하다, 협정하다	vereinbaren, vereinbarte, hat vereinbart
사용하다	verwenden, verwendete, hat verwendet
연기하다	verschieben, verschob, hat verschoben
시도하다	versuchen, versuchte, hat versucht
현장에서 바로	vor Ort

들렀다 가다, 잠깐 들르다	vorbeikommen, kam vorbei, ist vorbeigekommen
조심스러운, 신중한	vorsichtig
숲	Wald (der), die Wälder
벽(壁)	Wand (die), die Wände
가버렸다	weg sein, war weg, ist weg gewesen
아프다	wehtun, tat weh, hat wehgetan

CHAPTER 11 / LEKTION 11

출발하다	abfahren, fuhr ab, ist abgefahren
(비행기가) 이륙하다	abfliegen, flog ab, ist abgeflogen
이륙	Abflug (der), die Abflüge
(누구를) 데리러가다	abholen, holte ab, hat abgeholt
교통 신호등	Ampel (die), die Ampeln
도착하다	ankommen, kam an, ist angekommen
도착	Ankunft (die), die Ankünfte
(교통편의) 연결, 접속	Anschluss (der), die Anschlüsse
약국	Apotheke (die), die Apotheken
출구	Ausgang (der), die Ausgänge
내리다	aussteigen, stieg aus, ist ausgestiegen

고속 도로	Autobahn (die), die Autobahnen
자동차 열쇠, 차키	Autoschlüssel (der), -
빵집	Bäckerei (die), die Bäckereien
승강장, 플랫폼	Bahnsteig (der), die Bahnsteige
은행(銀行)	Bank (die), die Banken
나무, 수목	Baum (der), die Bäume
다리 (교량)	Brücke (die), die Brücken
서점	Buchhandlung (die), die Buchhandlungen
서점	Buchladen (der), die Buchläden
버스 정거장	Bushaltestelle (die), die Bushaltestellen
저기 저쪽에서	da drüben
저기 뒤에서	da hinten
저기 위에서	da oben
저기 아래에서	da unten

저기 앞에서	da vorne
그곳으로	dahin
그 곁에, 그것과 나란히	daneben
저쪽에	drüben
(확성기, 방송을 통한) 공지사항, 알리는 말	Durchsage (die), die Durchsagen
~와 똑같이, 역시	ebenso
귀퉁이, 모퉁이, 구석	Ecke (die), die Ecken
입구, 현관	Eingang (der), die Eingänge
(안으로) 타다	einsteigen, stieg ein, ist eingestiegen
감기	Erkältung (die), die Erkältungen
운행 시간표	Fahrplan (der), die Fahrpläne
보행자 전용 구역	Fußgängerzone (die), die Fußgängerzonen
똑바로, 직진방향으로	geradeaus
동업자	Geschäftspartner (der), -
선로, 레일	Gleis (das), die Gleise

왕복	hin und zurück
위쪽으로, 위로	hinauf
올라가다	hinaufgehen, ging hinauf, ist hinaufgegangen
안으로, 속으로	hinein
뒤에, 배후에	hinten
근처에, ~바로 곁에서	in der Nähe
매점, 노점	Kiosk (der), die Kioske
회의실	Konferenzraum (der), die Konferenzräume
종합 병원	Krankenhaus (das), die Krankenhäuser
누워 있다	liegen, lag, hat/ist gelegen
화물 자동차, 트럭	Lkw (der), die Lkws
위치 전치사	lokale Präposition (die), die lokalen Präpositionen
쥐	Maus (die), die Mäuse
왼쪽으로	nach links

오른쪽으로	nach rechts
인접, 가까움	Nähe (die) (Sg.)
옆에	neben
다시 한번	noch mal
방향설정, 방향감각	Orientierung (die), die Orientierungen
주차장	Parkplatz (der), die Parkplätze
경찰	Polizei (die), die Polizeien
우체국	Post (die) (Sg.)
오른쪽의	rechts
후렴	Refrain (der), die Refrains
여행사	Reisebüro (das), die Reisebüros
도시국영전차	S-Bahn (die), die S-Bahnen
창구 (우체국, 은행)	Schalter (der), -
비서실	Sekretariat (das), die Sekretariate
시가 전차, 노면전차, 트램	Straßenbahn (die), die Straßenbahnen

택시	Taxi (das), die Taxis
지하철	U-Bahn (die), die U-Bahnnen
지하철역	U-Bahn-Station (die), die U-Bahn-Stationen
근처에, 바로 곁에서, 모퉁이에서	um die Ecke
갈아타다	umsteigen, stieg um, ist umgestiegen
아래에, 아래쪽에	unten
교통 수단	Verkehrsmittel (das), -
잃어버리다	verlieren, verlor, hat verloren
연착, 지각	Verspätung (die), die Verspätungen
지나쳐 가다, 걸어서 지나가다	vorbeigehen, ging vorbei, ist vorbeigegangen
(취직) 면접	Vorstellungsgespräch (das), die Vorstellungsgespräche
먼, 아득한	weit

계속 가다	weitergehen, ging weiter, ist weitergegangen
자동차 정비업소	Werkstatt (die), die Werkstätten
얼마나 자주?	wie oft?
얼마나 머니?	wie weit
어디로	wohin
상당히, 어지간히	ziemlich
걸어서	zu Fuß
기차	Zug (der), die Züge
되돌아 (올 때)	zurück
되돌아 오다	zurückkommen, kam zurück, ist zurückgekommen

CHAPTER 12 / LEKTION 12

언제부터?	ab wann?
전화 받고 있는 ("전화받고 있는데요", "접니다")	am Apparat
제공하다, 제안하다	anbieten, bot an, hat angeboten
스위치를 켜다	anmachen, machte an, hat angemacht
연결하다, 접속하다	anschließen, schloss an, hat angeschlossen
전화의 약칭, 기계	Apparat (der), die Apparate
요구, 요청	Aufforderung (die), die Aufforderungen
열다, 개점하다	aufmachen, machte auf, hat aufgemacht
은행 대체	Banküberweisung (die), die Banküberweisungen
간직하다, 소지하다	behalten, behielt, hat behalten

정보를 주다; 무엇에 대해 알려 주다	Bescheid sagen, sagte Bescheid, hat Bescheid gesagt
주문하다	bestellen, bestellte, hat bestellt
언제까지?	bis wann?
부탁, 청원, 당부	Bitte (die), die Bitten
(과, 부, 국의) 장	Chef (der), die Chefs
그 대신에, 그 목적을 위하여	dafür
프린터	Drucker (der), -
결정하다, 결심하다	entscheiden, entschied, hat entschieden
긴장 해소, 휴식	Entspannung (die), die Entspannungen
예비 부품	Ersatzteil (das), die Er- satzteile
고대하다, 기대하다	erwarten, erwartete, hat erwartet
날기, 비행	Flug (der), die Flüge
공항	Flughafen (der), die Flughäfen

명료하게 표현하다	formulieren, formulierte, hat formuliert
사진기	Fotoapparat (der), die Fotoapparate
보증	Garantie (die), die Garantien
손님	Gast (der), die Gäste
꼼꼼히	gründlich
저렴하고 좋은	günstig
30분, 반시간	halbe Stunde (die) (Sg.)
난방장치, 히터	Heizung (die), die Heizungen
훌륭한, 호화로운, 멋진	herrlich
기침 시럽	Hustensaft (der), die Hustensäfte
접속법	Konjunktiv (der), die Konjunktive
무료의, 무상의	kostenlos
교차, 횡단, 사거리	Kreuzung (die), die Kreuzungen

고객 서비스	Kundenservice (der) (Sg.)
빌리다, 빌려주다	leihen, lieh, hat geliehen
빛, 밝기, 밝음	Licht (das), die Lichter
출발하다, 떠나다	losfahren, fuhr los, ist los-gefahren
메일 박스	Mailbox (die), die Mail-boxen
상표, 브랜드	Marke (die), die Marken
모델, 본보기	Modell (das), die Modelle
가까운, 멀지 않은	nah
계획하다, 준비하다, 조직하다	organisieren, organisierte, hat organisiert
종이	Papier (das), die Papiere
비닐 봉지	Plastiktüte (die), die Plas-tiktüten
계산서	Rechnung (die), die Rech-nungen

차례, 순서	Reihenfolge (die), die Reihenfolgen
깨끗하게 하다	reinigen, reinigte, hat gereinigt
세탁소; 청소	Reinigung (die), die Reinigungen
수선, 수리, 복구	Reparatur (die), die Reparaturen
반신(회신)통화	Rückruf (der), die Rückrufe
성(城)	Schloss (das), die Schlösser
편지, 서한	Schreiben (das), -
친애하는 ~씨 (여성의 경우)	Sehr geehrte Frau ...
여비서	Sekretärin (die), die Sekretärinnen
절약하다	sparen, sparte, hat gespart
(어떤 지방의) 유명한 음식, 명물; 특기	Spezialität (die), die Spezialitäten
기술자, 기사	Techniker (der), -
훈련, 연습	Training (das), die Trainings

꿈꾸다, 꿈에서 보다	träumen, träumte, hat geträumt
문(門)	Tür (die), die Türen
숙박하다	übernachten, über- nachtete, hat übernachtet
번역 회사	Übersetzungsbüro (das), die Übersetzungsbüros
둘러싸다	umgeben, umgab, hat umgeben
불친절한	unfreundlich
보내다, 발송하다	verschicken, verschickte, hat verschickt
15분	Viertelstunde (die), die Viertelstunden
화장실	WC (das), die WCs
주거 공간, 주택	Wohnraum (der), die Wohnräume
너무나 아름다운	wunderschön
증명서, 성적표	Zeugnis (das), die Zeug- nisse

객실 청소부	Zimmermädchen (das), -
처음에, 맨 먼저	zunächst
응답 전화를 하다	zurückrufen, rief zurück, hat zurückgerufen

CHAPTER 13 / LEKTION 13

가장 좋아하는	am liebsten
가장 많이	am meisten
입어보다	anprobieren, probierte an, hat anprobiert
(옷을) 입다	anziehen, zog an, hat angezogen
적어 두다	aufschreiben, schrieb auf, hat aufgeschrieben
~처럼 보이다	aussehen, sah aus, hat ausgesehen
(옷을) 벗다	ausziehen (sich), zog sich aus, hat sich ausgezogen
둘다	beides
블라우스	Bluse (die), die Blusen
구운 소시지	Bratwurst (die), die Bratwürste
지갑	Brieftasche (die), die Brieftaschen

안경	Brille (die), die Brillen
여성 패션	Damenmode (die), die Damenmoden
지시대명사	Demonstrativpronomen (das), -
마을	Dorf (das), die Dörfer
약, 화장품파는 상점	Drogerie (die), die Drogerien
아내	Ehefrau (die), die Ehefrauen
남편	Ehemann (der), die Ehemänner
1층	Erdgeschoss (das), die Erdgeschosse
의문사	Frageartikel (der), -
헤어스타일	Frisur (die), die Frisuren
내상태를 느끼다	fühlen (sich), fühlte sich, hat sich gefühlt
분실물보관소	Fundbüro (das), die Fundbüros
~의 것이다	gehören, gehörte, hat gehört

그릇, 식기	Geschirr (das), die Geschirre
치수	Größe (die), die Größen
저렴하고 좋은	günstig
띠, 허리띠	Gürtel (der), -
항구	Hafen (der), die Häfen
셔츠	Hemd (das), die Hemden
남성 패션	Herrenmode (die), die Herrenmoden
진심으로 축하합니다	herzlichen Glückwunsch!
바지	Hose (die), die Hosen
관심을 가지다	interessieren (sich), interessierte sich, hat sich interessiert
잠바	Jacke (die), die Jacken
청바지	Jeans (Pl.)
아동복	Kinderkleidung (die) (Sg.)

멋진	klasse
원피스	Kleid (das), die Kleider
옷가게	Kleidergeschäft (das), die Kleidergeschäfte
의류	Kleidungsstück (das), die Kleidungsstücke / Kleider
여행용 가방	Koffer (der), -
비교급	Komparation (die), die Komparationen
칭찬	Kompliment (das), die Komplimente
화장품	Kosmetik (die) (Sg.)
넥타이	Krawatte (die), die Krawatten
고객전용 화장실	Kundentoilette (die), die Kundentoiletten
풍경	Landschaft (die), die Landschaften
외투	Mantel (der), die Mäntel
의견	Meinung (die), die Meinungen

패션	Mode (die), die Moden
패션 쇼	Modenschau (die), die Modenschauen
흉내내다, 모방하다	nachmachen, machte nach, hat nachgemacht
위층	Obergeschoss (das), die Obergeschosse
안경사	Optiker (der), -
긍정적인	positiv
스웨터	Pullover (der), -
치마	Rock (der), die Röcke
샌들	Sandale (die), die Sandalen
보다	schauen, schaute, hat geschaut
우산	Schirm (der), die Schirme
장신구	Schmuck (der) (Sg.)
비누	Seife (die), die Seifen
양말	Socke (die), die Socken

선글라스	Sonnenbrille (die), die Sonnenbrillen
어울리다; 서 있다	stehen, stand, hat gestanden
스타일	Stil (der), die Stile
장화	Stiefel (der), -
해변, 바닷가	Strand (der), die Strände
양말, 스타킹	Strumpf (der), die Strümpfe
최상급	Superlativ (der), die Superlative
(옷 등을) 입고 있다	tragen, trug, hat getragen
훈련하다	trainieren, trainierte, hat trainiert
티셔츠	T-Shirt (das), die T-Shirts
보자기	Tuch (das), die Tücher
지하층	Untergeschoss (das), die Untergeschosse
비디오	Video (das), die Videos

낭독하다	vorlesen, las vor, hat vorgelesen
넓음, 너름; 멀리	weit
지불하다	zahlen, zahlte, hat gezahlt
칫솔	Zahnbürste (die), die Zahnbürsten
치약	Zahnpasta (die), die Zahnpasten
만족한	zufrieden
걸맞다, 적합하다	zusammenpassen, passte zusammen, hat zusammengepasst

CHAPTER 14 / LEKTION 14

송별연을 열다	Abschied feiern, feierte Abschied, hat Abschied gefeiert
모든 일이 다 잘되기를!	Alles Gute!
동기, 계기	Anlass (der), die Anlässe
뒤를 이어, 이어서, 다음에	anschließend
점화하다	anzünden, zündete an, hat angezündet
표현	Ausdruck (der), die Ausdrücke
알리다, 말로 표현하다	aussprechen, sprach aus, hat ausgesprochen
수염	Bart (der), die Bärte
결정을 알려주다	Bescheid geben, gab Bescheid, hat Bescheid gegeben
(시험에) 합격하다	bestehen, bestand, hat bestanden

꽃	Blume (die), die Blumen
카페	Café (das), die Cafés
그리스도교도	Christ (der), die Christen
(식탁을) 차리다	decken, deckte, hat gedeckt
물건, 사물	Ding (das), die Dinge
따라잡다	einholen, holte ein, hat eingeholt
알게 되다	erfahren, erfuhr, hat erfahren
신문하다, 조회하다	erfragen, erfrug, hat erfragt
공휴일, 경축일	Feiertag (der), die Feiertage
불꽃놀이	Feuerwerk (das), die Feuerwerke
즐거운 부활절 되세요!	Frohe Ostern!
즐거운 크리스마스 되세요!	Frohe Weihnachten!
즐거운 명절 되세요!	Frohes Fest!

지역, 지대	Gebiet (das), die Gebiete
선물	Geschenk (das), die Geschenke
축하	Glückwunsch (der), die Glückwünsche
축하, 축사	Gratulation (die), die Gratulationen
축하하다	gratulieren, gratulierte, hat gratuliert
바베큐 파티	Grillfest (das), die Grillfeste
원인, 이유	Grund (der), die Gründe
쾌유를 빕니다!	Gute Besserung!
좋은 새해!	Frohes neues Jahr!
집의 출입문, 대문	Haustür (die), die Haustüren
붙이다	heften, heftete, hat geheftet
크리스마스이브	Heilig Abend / Heiligabend (der), die Heiligen Abende / Heiligabende

이리저리 타고 다니다, 드라이브 하다	herumfahren, fuhr herum, ist herumgefahren
오늘의	heutig
홀라후프	Hula-Hoop-Reifen (der), -
달력	Kalender (der), -
(양)초	Kerze (die), die Kerzen
교회	Kirche (die), die Kirchen
전화벨이나 초인종이 울리다	klingeln, klingelte, hat geklingelt
능력, 역량	Können (das) (Sg.)
돌보다, 보살피다	kümmern (sich), kümmerte sich, hat sich gekümmert
강의실	Kursraum (der), die Kursräume
달리다, 뛰어가다	laufen, lief, ist gelaufen
연령	Lebensjahr (das), die Lebensjahre
사랑하는, 사랑스러운	lieb

좋아하다, 사랑하다	lieb haben, hatte lieb, hat lieb gehabt
후식	Nachtisch (der), die Nachtische
신년, 새해	Neujahr (das) (Sg.)
니콜라우스	Nikolaus (der), die Nikoläuse
북쪽의	nördlich
견과 (땅콩, 호두)	Nuss (die), die Nüsse
서수	Ordinalzahl (die), die Ordinalzahlen
부활절	Ostern (das), -
직업적인, 전문가적인	professionell
시험	Prüfung (die), die Prüfungen
퀴즈 게임, 알아 맞추기 놀이	Ratespiel (das), die Ratespiele
계산하다, 셈하다	rechnen, rechnete, hat gerechnet
신앙심이 깊은, 경건한	religiös
자루, 주머니	Sack (der), die Säcke
선물하다	schenken, schenkte, hat geschenkt

장식하다	schmücken, schmückte, hat geschmückt
문서로, 글로 써서	schriftlich
12월 31일	Silvester (das), -
속담	Sprichwort (das), die Sprichwörter
단 것	Süßigkeit (die), die Süßigkeiten
접시, 쟁반	Teller (der), -
슬픈	traurig
놀란 상태	überrascht
놀람, 놀라게 함	Überraschung (die), die Überraschungen
이리저리 걸어 다니다, 배회 하다	umhergehen, ging umher, ist umhergegangen
이사하다, 이주하다	umziehen, zog um, ist umgezogen
여러 가지의, 상이한	unterschiedlich
중요하지 않은	unwichtig
잊어버리다	vergessen, vergaß, hat vergessen

숨기다	verstecken, versteckte, hat versteckt
존재하고 있다, 있다	vorhanden sein, war vorhanden, ist vorhanden gewesen
크리스마스	Weihnachten (das), -
돌아오다, 귀환하다	wiederkommen, kam wieder, ist wiedergekommen
훌륭한, 굉장한	wunderbar
되돌아가다, 후진(후퇴)하다	zurückgehen, ging zurück, ist zurückgegangen
승낙, 수락	Zusage (die), die Zusagen
약속하다, 확언하다	zusagen, sagte zu, hat zugesagt

GERMAN EXERCISES
SECOND YEAR

CHAPTER 1 / LEKTION 1

주의하다, 조심하다	achtgeben, gab acht, hat achtgegeben
부모 중 한 사람이 양육하는	alleinerziehend
평일, 일상생활	Alltag (der), die Alltage
고용주	Arbeitgeber (der), -
갑자기	auf einmal
(짐 따위)를 풀다	auspacken, packte aus, hat ausgepackt
변명	Ausrede (die), die Ausreden
차 열쇠, 차키	Autoschlüssel (der), -
깨닫다	bemerken, bemerkte, hat bemerkt
보고하다, 통지하다	berichten, berichtete, hat berichtet
지금까지는, 종래	bisher

불가리아	Bulgarien
(남)사촌	Cousin (der), die Cousins
(여)사촌	Cousine (die), die Cousinen
다락방	Dachwohnung (die), die Dachwohnungen
토론하다	diskutieren, diskutierte, hat diskutiert
사실은; 원래	eigentlich
잠들다	einschlafen, schlief ein, ist eingeschlafen
입주하다	einziehen, zog ein, ist eingezogen
유일한	einzig
손자, 손녀의 통칭	Enkelkind (das), die Enkelkinder
경험하다	erleben, erlebte, hat erlebt
우선	erst einmal
기쁜	fröhlich

돈지갑	Geldbörse (die), die Geldbörsen
2격, 소유격	Genitiv (der), die Genitive
출장	Geschäftsreise (die), die Geschäftsreisen
별거 중	getrennt
대가족	Großfamilie (die), die Großfamilien
빈도 (많이 사용되는 표현)	Häufigkeit (die), die Häufigkeiten
집안일	Hausarbeit (die), die Hausarbeiten
여기 저기 다니다	herumgehen, ging herum, ist herumgegangen
악기	Instrument (das), die Instrumente
계획한 일이 잘 돌아가다/되다	klappen, klappte, hat geklappt
핵가족	Kleinfamilie (die), die Kleinfamilien
소리나다, 울리다	klingen, klang, hat geklungen

이상한, 기이한	komisch
미술작품	Kunstwerk (das), die Kunstwerke
생활 공동체	Lebensgemeinschaft (die), die Lebensgemeinschaften
번, 회, 때	Mal (das), die Male
여러 개의	mehrere
연락하다, 소식을 전하다	melden (sich), meldete sich, hat sich gemeldet
임차인	Mieter (der), -
어린 나이의;미성년의	minderjährig
공감, 동정	Mitgefühl (das) (Sg.)
일원; 회원	Mitglied (das), die Mitglieder
가능한 한	möglichst
이웃남자/이웃여자	Nachbar (der), die Nachbarn / Nachbarin (die), die Nachbarinnen

따라서 노래하다	nachsingen, sang nach, hat nachgesungen
옆에	nebenan
조카, 질남	Neffe (der), die Neffen
질녀	Nichte (die), die Nichten
자주, 종종	öfters
삼촌	Onkel (der), -
발트해	Ostsee (die) (Sg.)
과오, 불행: 고장	Panne (die), die Pannen
자매도시	Partnerstadt (die), die Partnerstädte
불운, 곤경	Pech (das) (Sg.)
창피한, 부끄러운	peinlich
퇴직한	pensioniert
현재완료형태	Perfektform (die), die Perfektformen
전철, 접두사	Präfix (das), die Präfixe

연금	Rente (die), die Renten
결국, 최종적인	schließlich
이미 한번	schon einmal
남편 또는 처의 형제 / 자매	Schwager (der), - / Schwägerin (die), die Schwägerinnen
임신 중	schwanger
시부모님, 장인/장모	Schwiegereltern (Pl.)
시어머님, 장모	Schwiegermutter (die), die Schwiegermütter
시아버지, 장인	Schwiegervater (der), die Schwiegerväter
바로 그, 똑같은	selbe
좌석	Sitz (der), die Sitze
심지어	sogar
자매도시 관계	Städtepartnerschaft (die), die Städtepartnerschaften
방해하다; 귀찮게 하다	stören, störte, hat gestört

가계도, 족보	Stammbaum (der), die Stammbäume
이모, 고모	Tante (die), die Tanten
잔	Tasse (die), die Tassen
나누다; 공용하다	teilen, teilte, hat geteilt
이사하다, 이주하다	umziehen, zog um, ist umgezogen
이사	Umzug (der), die Umzüge
편안하지 않은	unbequem
대학도시	Universitätsstadt (die), die Universitätsstädte
없어서 안타까워하다, 그리워하다	vermissen, vermisste, hat vermisst
놓치다	verpassen, verpasste, hat verpasst
(남자/여자) 친척	Verwandte (der/die), die Verwandten
친족, 친척관계	Verwandtschaft (die), die Verwandtschaften

응석받이로 키우다, 다 받아키우다	verwöhnen, verwöhnte, hat verwöhnt
시의 구(區)	Viertel (das), -
상상하다; 자기 소개를 하다	vorstellen (sich), stellte sich vor, hat sich vorgestellt
아마	wahrscheinlich
알람 시계	Wecker (der), -
… 때문에	weil
적어도, 최소한	wenigstens
주거 공동체	Wohngemeinschaft (die) (WG), die Wohngemeinschaften (WGs)
순서, 경과	Zeitabfolge (die), die Zeitabfolgen
이사하다, 이주하다	ziehen (in / nach), zog, ist gezogen
우연	Zufall (der), die Zufälle
되돌아가다	zurückfahren, fuhr zurück, ist zurückgefahren

함께 살다	zusammenleben, lebte zusammen, hat zusammengelebt
두 번째로 큰	zweitgrößte

CHAPTER 2 / LEKTION 2

쓰레기	Abfall (der), die Abfälle
세워놓다, 내려놓다	abstellen, stellte ab, hat abgestellt
행동	Aktion (die), die Aktionen
다른 가능성을 제공하는, 대안적인	alternativ
받아들이다	annehmen, nahm an, hat angenommen
(핸드폰 등이) 켜져 있다	an sein, war an, ist an gewesen
분노	Ärger (der) (Sg.)
짜증스러운	ärgerlich
매력	Attraktion (die), die Attraktionen
그만두다	aufhören, hörte auf, hat aufgehört
빌리다	ausleihen, lieh aus, hat ausgeliehen
외모, 외양	Aussehen (das) (Sg.)

바깥쪽의, 외부의	außen
끄다	ausstellen, stellte aus, hat ausgestellt
(건물을) 세우다, 짓다	bauen, baute, hat gebaut
~누구에게 감사하다	bedanken (sich), bedankte sich, hat sich bedankt
동정, 유감	Bedauern (das) (Sg.)
이미, 벌써	bereits
직업상의	beruflich
정보를 주다. 무엇에 대해 알려 주다	Bescheid geben, gab Bescheid, hat Bescheid gegeben
의논하다, 협의하다	besprechen, besprach, hat besprochen
주민, 거주민	Bewohner (der), -
구역, 행정구역의 단위	Bezirk (der), die Bezirke
그럼 이만	bis dann
바닥	Boden (der), die Böden

우체통	Briefkasten (der), die Briefkästen
알록달록한	bunt
컨테이너, 커다란 통	Container (der), -
지붕	Dach (das), die Dächer
덮개, 이불, 식탁보; 천장	Decke (die), die Decken
독일인	Deutsche (der/die), die Deutschen
방향/지시를 나타내는 부사	Direktionaladverb (das), die Direktionaladverbien
소유자, 주인	Eigentümer (der), -
에너지	Energie (die), die Energien
만들어내다	erstellen, erstellte, hat erstellt
실험	Experiment (das), die Experimente
사실	Fakt (der), die Fakten (meistens Pl.)
떨어지다	fallen, fiel, ist gefallen

속삭이다, 귓속말하다	flüstern, flüsterte, hat geflüstert
공개토론	Forum (das), die Foren
오전 근무조	Frühschicht (die), die Früh- schichten
매우, 대단히; 무서운	furchtbar
붓다	gießen, goss, hat gegossen
전구(電球)	Glühbirne (die), die Glüh- birnen
수공업 종사자	Handwerker (der), -
~에 걸려있다	hängen (an + Dat.), hing, ist/hat gehangen
~에 걸다	hängen (an + Akk.), hängte, hat gehängt
건물 관리인	Hausmeister (der), -
실내화	Hausschuh (der), die Hausschuhe
결혼식 날	Hochzeitstag (der), die Hochzeitstage
희망	Hoffnung (die), die Hoff- nungen

카세트	Kassette (die), die Kassetten
고양이	Katze (die), die Katzen
어린이 놀이터	Kinderspielplatz (der), die Kinderspielplätze
유모차	Kinderwagen (der), -
상자, 궤	Kiste (die), die Kisten
시험	Klausur (die), die Klausuren
옷장	Kleiderschrank (der), die Kleiderschränke
복장	Kostüm (das), die Kostüme
미술	Kunst (die), die Künste
미술가, 예술가	Künstler (der), -
키스하다, 입맞추다	küssen (sich), küsste sich, hat sich geküsst
눕다	legen (sich), legte sich, hat sich gelegt
사다리	Leiter (die), die Leitern

(수도, 가스따위의) 도관	Leitung (die), die Leitungen
선	Linie (die), die Linien
해법; 해답	Lösung (die), die Lösungen
진행자	Moderator (der), die Moderatoren / Moderatorin (die), die Moderatorinnen
쓰레기	Müll (der) (Sg.)
커다란 쓰레기 통	Müllcontainer (der), -
쓰레기통	Mülltonne (die), die Mülltonnen
더 이상 ~하지 않은	nicht mehr
필요한	nötig
귀마개	Ohrstöpsel / Ohrenstöpsel (der), -
질서, 규칙	Ordnung (die), die Ordnungen
소형 소포	Päckchen (das), -
식물	Pflanze (die), die Pflanzen

계획하다	planen, plante, hat ge-plant
플라스틱	Plastik (das) (Sg.)
위로	rauf
공간; 방	Raum (der), die Räume
밖으로	raus
밖으로 나오다	rauskommen, kam raus, ist rausgekommen
옳다	recht haben, hatte recht, hat recht gehabt
안으로	rein
역할	Rolle (die), die Rollen
저쪽으로	rüber
휴식; 정적	Ruhe (die) (Sg.)
밑으로, 아래로	runter
내려오다	runterkommen, kam runter, ist runtergekommen

깨끗이 하다	sauber machen, machte sauber, hat sauber gemacht
깨끗함, 청결	Sauberkeit (die) (Sg.)
자물쇠; 성(城)	Schloss (das), die Schlösser
서랍	Schublade (die), die Schubladen
신발장	Schuhregal (das), die Schuhregale
~을 돌보다, ~을 위해 애쓰다	sorgen (für), sorgte, hat gesorgt
장난감	Spielzeug (das), die Spielzeuge
끼워 넣다	stecken, steckte, hat gesteckt
조용한, 고요한	still
싸우다, 다투다	streiten (sich), stritt sich, hat sich gestritten
교환하다	tauschen, tauschte, hat getauscht
양탄자	Teppich (der), die Teppiche

나누다, 분할하다	trennen, trennte, hat getrennt
환경	Umwelt (die) (Sg.)
비인간적인	unmenschlich
변화하다	verändern (sich), veränderte sich, hat sich verändert
사용하다, 소비하다	verbrauchen, verbrauchte, hat verbraucht
떠나다	verlassen, verließ, hat verlassen
방지하다, 예방하다, 피하다	vermeiden, vermied, hat vermieden
포장하다	verpacken, verpackte, hat verpackt
포기하다	verzichten, verzichtete, hat verzichtet
엄청나게, 굉장히	wahnsinnig
세제, 세척제	Waschmittel (das), -
바꾸다	wechseln, wechselte, hat gewechselt

3/4격 지배 전치사	Wechselpräposition (die), die Wechselpräpositionen
깨우다, 일으키다	wecken, weckte, hat geweckt
버리다	wegwerfen, warf weg, hat weggeworfen
던지다	werfen, warf, hat geworfen
반복	Wiederholung (die), die Wiederholungen
주택, 저택	Wohnhaus (das), die Wohnhäuser
종이 쪽지, 메모	Zettel (der), -

CHAPTER 3 / LEKTION 3

때때로	ab und zu
종류	Art (die), die Arten
가지 [식물]	Aubergine (die), die Auberginen
남김없이 먹다	aufessen, aß auf, hat aufgegessen
끄다; 약정하다	ausmachen, machte aus, hat ausgemacht
그 밖에, 이외에	außerdem
골라내다	aussuchen, suchte aus, hat ausgesucht
좋아하는; 인기있는	beliebt
몰두하다	beschäftigen (sich) (mit), beschäftigte sich, hat sich beschäftigt
예약되어 있는, 차지한	besetzt
꽃다발	Blumenstrauß (der), die Blumensträuße
굽다	braten, briet, hat gebraten

빵 종류	Brotsorte (die), die Brot-sorten
성 (城, 곽)	Burg (die), die Burgen
크라상	Croissant (das), die Crois-sants
~와 대조적으로	dagegen
그 위에	darüber
지속하는	dauernd
그것에 대하여	dazu
다이어트	Diät (die), die Diäten
안에 있다	drin sein, war drin, ist drin gewesen
그 속에, 안쪽에	drinnen
오히려	eher
솔직히	ehrlich
결과	Ergebnis (das), die Ergeb-nisse
놀라운, 경악하는, 이상히 여기는	erstaunt
큰 숟가락	Esslöffel (der), -
기름진, 지방이 많은; 살찐	fett

갓, 즉석에서	frisch
열매, 과일	Frucht (die), die Früchte
포크	Gabel (die), die Gabeln
초대한 사람	Gastgeber (der), - / Gastgeberin (die), die Gastgeberinnen
구워 만든 것 (과자나 빵)	Gebäck (das) (Sg.)
가금류의 고기	Geflügel (das) (Sg.)
똑같이	genauso
음식, 요리; 법정; 법원	Gericht (das), die Gerichte
습관, 버릇	Gewohnheit (die), die Gewohnheiten
다행히다	Gott sei Dank!
대도시	Großstadt (die), die Großstädte
다진 고기	Hackfleisch (das) (Sg.)
굳은, 딱딱한	hart
이스트	Hefe (die), die Hefen

들어오도록 요청하다	hereinbitten, bat herein, hat hereingebeten
만들다	herstellen, stellte her, hat hergestellt
실속 있는, 영양가 있는	herzhaft
절묘한	himmlisch
공손한, 정중한	höflich
꿀	Honig (der), die Honige
앉아서	im Sitzen
서서	im Stehen
간이 음식점	Imbissbude (die), die Imbissbuden
부정대명사	Indefinitpronomen (das), -
~씩	je
칼로리	Kalorie (die), die Kalorien
(커피, 홍차) 포트, 주전자	Kanne (die), die Kannen
구내 식당	Kantine (die), die Kantinen

웨이터	Kellner (der), -
이끌다, 주재하다	leiten, leitete, hat geleitet
가장 좋아하는 음식, 기호식품	Lieblingsspeise (die), die Lieblingsspeisen
숟가락	Löffel (der), -
(아침,점심 등의)식사시간	Mahlzeit (die), die Mahlzeiten
잼	Marmelade (die), die Marmeladen
독일 도시 뤼벡의 특산물 먹거리로 일종의 아몬드 과자	Marzipan (das), die Marzipane
밀가루	Mehl (das), die Mehle
대개	meistens
칼	Messer (das), -
전자레인지	Mikrowelle (die), die Mikrowellen
정오에, 낮에	mittags
후식	Nachspeise (die), die Nachspeisen
후식	Nachtisch (der), die Nachtische

어디에도 ~가 없다	nirgends
(서양식) 국수	Nudel (die), die Nudeln
프라이 팬	Pfanne (die), die Pfannen
앉다, 자리잡다	Platz nehmen, nahm Platz, hat Platz genommen
인 분 (일인 분)	Portion (die), die Portionen
발표하다	präsentieren, präsentierte, hat präsentiert
눌러 짜(내)다, 누르다, 압착하다	pressen, presste, hat gepresst
생산품	Produkt (das), die Produkte
지방의	regional
이의를 신청하다	reklamieren, reklamierte, hat reklamiert
요리법	Rezept (das), die Rezepte
냄새가 나다; 냄새 맡다	riechen, roch, hat gerochen

소고기 구이	Rinderbraten (der), -
물건	Sache (die), die Sachen
짠	salzig
배부른	satt
깨끗한	sauber
매운; 날카로운	scharf
짭짭거리며 먹다	schmatzen, schmatzte, hat geschmatzt
돼지	Schwein (das), die Schweine
드문, 흔하지 않은	selten
이상한	seltsam
앉다, 착석하다	setzen (sich), setzte sich, hat sich gesetzt
좌석	Sitzplatz (der), die Sitzplätze
일요일에	sonntags
종류	Sorte (die), die Sorten

게임참가자	Spieler (der), - / Spielerin (die), die Spielerinnen
식기 세척기	Spülmaschine (die), die Spülmaschinen
달콤한; 귀여운	süß
단 것	Süßigkeit (die), die Süßigkeiten
단 음식(후식용)	Süßspeise (die), die Süßspeisen
찻숟가락	Teelöffel (der), -
맛보다	testen, testete, hat getestet
냄비	Topf (der), die Töpfe
전통적인	traditionell
팁	Trinkgeld (das), die Trinkgelder
전형적인	typisch
넘겨받다, 떠맡다	übernehmen, übernahm, hat übernommen
놀라게 하다	überraschen, überraschte, hat überrascht

무엇을 남기다	übrig lassen, ließ übrig, hat übrig gelassen
주위 환경	Umgebung (die), die Umgebungen
채식주의자	Vegetarier (der), - / Vegetarierin (die), die Vegetarierinnen
채식주의의	vegetarisch
분배하다, 나누다	verteilen, verteilte, hat verteilt
용서하다	verzeihen, verzieh, hat verziehen
전채 요리	Vorspeise (die), die Vorspeisen
평일에	werktags
주중에	wochentags
너무나 아름다운	wunderschön
레몬	Zitrone (die), die Zitronen
같이 앉다	zusammensitzen, saß zusammen, hat/ist zusammengesessen

합산(합계)하다	zusammenzählen, zählte zusammen, hat zusammengezählt

잠그다	abschließen, schloss ab, hat abgeschlossen
(회사, 관청) 부, 국, 과	Abteilung (die), die Abteilungen
비슷한	ähnlich
추측, 전혀 모름	Ahnung : keine Ahnung
받아들이다, 허용하다	akzeptieren, akzeptierte, hat akzeptiert
점진적인, 차츰	allmählich
신고하다, 알리다	angeben, gab an, hat angegeben
남/여직원, 회사원	Angestellte (der/die), die Angestellten
피고용자, 노동자	Arbeitnehmer (der), -
근무처, 직장	Arbeitsplatz (der), die Arbeitsplätze
직업 세계	Arbeitswelt (die), die Arbeitswelten

풀이, 해답	Auflösung (die), die Auflösungen
엘리베이터	Aufzug (der), die Aufzüge
지출하다, (돈을) 내다	ausgeben, gab aus, hat ausgegeben
전하다	ausrichten, richtete aus, hat ausgerichtet
끄다	ausschalten, schaltete aus, hat ausgeschaltet
밖에: 집 밖에	außer : außer Haus
주의하다	beachten, beachtete, hat beachtet
끝내다	beenden, beendete, hat beendet
재능	Begabung (die), die Begabungen
직업(사회) 초년생	Berufsanfänger (der), -
일을 시키다, 고용하다	beschäftigen (sich), beschäftigte sich, hat sich beschäftigt
논의, 협의 상담; 협정	Besprechung (die), die Besprechungen

확인서, 증명	Bestätigung (die), die Bestätigungen
해당되다, 관련되다	betreffen, betraf, hat betroffen
경영, 기업	Betrieb (der), die Betriebe
그 위에; 그 다음에	darauf
탐정(探偵) (사람)	Detektiv (der), die Detektive
평균	Durchschnitt (der), die Durchschnitte
평균적으로	durchschnittlich
(전화 통화를) 연결해 주다	durchstellen, stellte durch, hat durchgestellt
직접통화	Durchwahl (die), die Durchwahlen
명백한	eindeutig
프론트	Empfang (der), die Empfänge
결정	Entscheidung (die), die Entscheidungen
인지하다	erkennen, erkannte, hat erkannt

수출입분과	Export-Importabteilung (die), die Export-Importabteilungen
수출	Export (der), die Exporte
수출분과	Exportabteilung (die), die Exportabteilungen
수출품	Exportartikel (der), -
저녁 휴식	Feierabend (der), die Feierabende
뒤따라가다	folgen, folgte, ist gefolgt
공개토론	Forum (das), die Foren
휴식하다	freihaben, hatte frei, hat freigehabt
기능	Funktion (die), die Funktionen
사용	Gebrauch (der), die Gebräuche
가치가 있다	gelten, galt, hat gegolten
독창적인	genial

많지 않은; 경미한	gering
승리자	Gewinner (der), -
마찬가지로	gleichfalls
망치	Hammer (der), die Häm-mer
무역 파트너	Handelspartner (der), -
산업의	industriell
전체적으로	insgesamt
연구소; 학과	Institut (das), die Institute
관심	Interesse (das), die Inter-essen
어딘가에서	irgendwo
현재의	jetzig
영리한	klug
복잡한	kompliziert
계좌	Konto (das), die Konten
복사기	Kopierer (der), -

고객서비스	Kundenbetreuung (die), die Kundenbetreuungen
쉬운	leicht
임금	Lohn (der), die Löhne
조치(措置)	Maßnahme (die), die Maßnahmen
재료, 자료	Material (das), die Materialien
부가가치세	Mehrwertsteuer (die), die Mehrwertsteuern
장인, 명인	Meister (der), -
어떤 일을 기억하다	merken (sich), merkte sich, hat sich gemerkt
직원	Mitarbeiter (der), -
후계자	Nachfolger (der), - / Nachfolgerin (die), die Nachfolgerinnen
오후에	nachmittags
밤에	nachts
국경일	Nationalfeiertag (der), die Nationalfeiertage

부문장	Nebensatz (der), die Nebensätze
수익하다; 이용하다	nutzen, nutzte, hat genutzt
플랫폼	Plattform (die), die Plattformen
실습 자리	Praktikumsplatz (der), die Praktikumsplätze
퍼센트	Prozent (das), die Prozente
영수증	Quittung (die), die Quittungen
보통, 일반적으로	Regel : in der Regel
사무적인	sachlich
약점	Schwäche (die), die Schwächen
똑같은 정도로	so ... wie
사회적인	sozial
절약하다	sparen, sparte, hat gespart
선두	Spitze (die), die Spitzen
(그릇, 찻잔)을 씻다	spülen, spülte, hat gespült

강점	Stärke (die), die Stärken
채용공고	Stellenanzeige (die), die Stellenanzeigen
방해하다	stören, störte, hat gestört
연구, 연구 논문	Studie (die), die Studien
시간제로	stundenweise
상징	Symbol (das), die Symbole
독일 통일의 날	Tag der Deutschen Einheit (der) (Sg.)
참가자	Teilnehmer (der), -
파트타임	Teilzeit (die) (Sg.)
번역하다	übersetzen, übersetzte, hat übersetzt
초과 근무 시간	Überstunde (die), die Überstunden
아래, 하위에	untere
휴가 날	Urlaubstag (der), die Urlaubstage

연결하다	verbinden, verband, hat verbunden
(시간을) 보내다	verbringen, verbrachte, hat verbracht
(돈을) 벌다; (...을) 받을 만하다	verdienen, verdiente, hat verdient
계약	Vertrag (der), die Verträge
경제적인	wirtschaftlich
향해 가다	zugehen, ging zu, ist zugegangen
최소한	zumindest
협력, 공동작업	Zusammenarbeit (die), die Zusammenarbeiten
짜맞추다	zusammensetzen, setzte zusammen, hat zusammengesetzt
두 번	zweimal

CHAPTER 5 / LEKTION 5

등급화하다	abstufen, stufte ab, hat abgestuft
적극적인	aktiv
여기는 ~입니다.	... am Apparat.
초보자	Anfänger (der), -
친척, 구성원	Angehörige (der/die), die Angehörigen
두려움	Angst (die), die Ängste
두려워하다	Angst haben (vor), hatte Angst, hat Angst gehabt
대화 상대자	Ansprechpartner (der), -
화내다	ärgern (sich) (über), ärgerte sich, hat sich geärgert
성장하다	aufwachsen, wuchs auf, ist aufgewachsen
표현하다	ausdrücken, drückte aus, hat ausgedrückt

쉬다, 휴식을 취하다	ausruhen (sich), ruhte sich aus, hat sich ausgeruht
그 외에	außer
가동중단	außer Betrieb
벗다	ausziehen (sich), zog sich aus, hat sich ausgezogen
견습생, 수습공	Azubi (der), die Azubis
개념	Begriff (der), die Begriffe
서두르다	beeilen (sich), beeilte sich, hat sich beeilt
기여금	Beitrag (der), die Beiträge
불평하다	beschweren (sich) (über/bei), beschwerte sich, hat sich beschwert
~에 오르다	besteigen, bestieg, hat bestiegen
~에 달하다	betragen, betrug, hat betragen

움직이다	bewegen (sich), bewegte sich, hat sich bewegt
운동, 활동	Bewegung (die), die Bewegungen
(TV 수상기) 화면	Bildschirm (der), die Bildschirme
소책자, 팸플릿	Broschüre (die), die Broschüren
난폭한	brutal
버스 운행	Busfahrt (die), die Busfahrten
생각하다	denken (an), dachte, hat gedacht
배우자	Ehepartner (der), -
북극곰	Eisbär (der), die Eisbären
아이스 하키 시즌	Eishockey-Saison (die), die Eishockey-Saisons
추천하다	empfehlen, empfahl, hat empfohlen
기억하다	erinnern (sich) (an), erinnerte sich, hat sich erinnert

먹고 살다	ernähren (sich), ernährte sich, hat sich ernährt
영양(營養)	Ernährung (die), die Ernährungen
전문가 조언	Expertentipp (der), die Expertentipps
··· 배의: 일곱 배의	-fach : siebenfach
휴가	Ferien (Pl.)
상급수준 학습자	Fortgeschrittene (der/die), die Fortgeschrittenen
여자 핸드볼	Frauenhandball (der) (Sg.)
충분히	genug
천만에요.	gern geschehen
역사(歷史)	Geschichte (die) (Sg.)
건강에 대한 조언	Gesundheitstipp (der), die Gesundheitstipps
금메달	Goldmedaille (die), die Goldmedaillen
유익하다, 도움이 되다	guttun, tat gut, hat gutgetan

체조	Gymnastik (die), die Gymnastiken
(어떤 상태를) 유지하다	halten (sich), hielt sich, hat sich gehalten
핸드볼	Handball (der) (Sg.) (Sportart)
자주	häufig
넘어지다	hinfallen, fiel hin, ist hingefallen
올라가다	hochgehen, ging hoch, ist hochgegangen
올려놓다, 높이 들다	hochlegen, legte hoch, hat hochgelegt
면역체계	Immunsystem (das), die Immunsysteme
빗질하다	kämmen (sich), kämmte sich, hat sich gekämmt
거의~아닌	kaum
간단한 것	Kleinigkeit (die), die Kleinigkeiten
(벽을)타고 올라가다	klettern, kletterte, ist geklettert

집중력 훈련	Konzentrationsübung (die), die Konzentrationsübungen
전념하다, 집중하다	konzentrieren (sich) (auf), konzentrierte sich, hat sich konzentriert
의료 보험	Krankenkasse (die), die Krankenkassen
돌보다, 보살피다	kümmern (sich) (um), kümmerte sich, hat sich gekümmert
소음	Lärm (der) (Sg.)
시작하다	losgehen, ging los, ist losgegangen
공기	Luft (die), die Lüfte
~을 가지고 싶다; ~할 마음이 나다	Lust haben (auf), hatte Lust, hat Lust gehabt
(스포츠의) 팀	Mannschaft (die), die Mannschaften
수요일에	mittwochs
패션잡지	Modezeitschrift (die), die Modezeitschriften

월요일에	montags
그 후에; 나중에	nachher
보통은	normalerweise
노르웨이의	norwegisch
올림픽	Olympiade (die), die Olympiaden
부사의 전치사구	Präpositionaladverb (das), die Präpositionaladverbien
교수	Professor (der), die Professoren
뭐야 시시하게	Quatsch (der) (Sg.)
면도하다	rasieren (sich), rasierte sich, hat sich rasiert
재귀 동사	reflexive Verb (das), die reflexiven Verben
규칙적으로	regelmäßig
넉넉하다, 족하다	reichen, reichte, hat gereicht
아래로 떨어지다	runterfallen, fiel runter, ist runtergefallen

토요일에	samstags
성공하다, 성취하다	schaffen, schaffte, hat geschafft
창조하다, 만들다	schaffen, schuf, hat geschaffen
화장하다	schminken (sich), schmink- te sich, hat sich geschminkt
발걸음	Schritt (der), die Schritte
약한	schwach
당연한	selbstverständlich
보내다	senden, sendete, hat gesendet
거울	Spiegel (der), -
놀이터	Spielplatz (der), die Spielplätze
스포츠 종류	Sportart (die), die Sportarten
스포츠 뉴스	Sportnachrichten (Pl.)
국적	Staatsangehörigkeit (die), die Staatsangehörigkeiten

강화하다	stärken, stärkte, hat gestärkt
개최하다	stattfinden, fand statt, hat stattgefunden
지팡이	Stock (der), die Stöcke
코스; 거리	Strecke (die), die Strecken
춤	Tanz (der), die Tänze
탁구	Tischtennis (das) (Sg.)
꿈꾸다	träumen (von), träumte, hat geträumt
추세	Trend (der), die Trends
터키사람	Türke (der), die Türken / Türkin (die), die Türkinnen
(실내) 체육관	Turnhalle (die), die Turn-hallen
지나치게 하다, 과장하다	übertreiben, übertrieb, hat übertrieben
갈아입다	umziehen (sich), zog sich um, hat sich umgezogen

조사, 검사; 연구	Untersuchung (die), die Untersuchungen
원인	Ursache (die), die Ursachen
(누구와) 약속하다	verabreden (sich) (mit), verabredete sich, hat sich verabredet
협회, 단체, 클럽	Verein (der), die Vereine
이성적인	vernünftig
시도(試圖)	Versuch (der), die Versuche
모음	Vokal (der), die Vokale
세계 선수권 대회	Weltmeisterschaft (die), die Weltmeisterschaften
일기예보	Wettervorhersage (die), die Wettervorhersagen
부가의, 추가의	zusätzlich

CHAPTER 6 / LEKTION 6

가버리다, 떠나다	abgehen (von), ging ab, ist abgegangen
독일의 고등학교 졸업자격 시험	Abitur (das), die Abiture
졸업시험	Abschlussprüfung (die), die Abschlussprüfungen
연령층	Altersgruppe (die), die Altersgruppen
반대의 경우이다	andersherum
인정하다	anerkennen, erkannte an, hat anerkannt
가난한	arm
우주 비행사	Astronaut (der), die Astronauten / Astronautin (die), die Astronautinnen
등장, 출연, 광경	Auftritt (der), die Auftritte
은행 여직원	Bankkauffrau (die), die Bankkauffrauen

만나다	begegnen, begegnete, ist begegnet
시작	Beginn (der) (Sg.)
상담	Beratung (die), die Beratungen
직업학교	Berufsschule (die), die Berufsschulen
직업 선택	Berufswahl (die) (Sg.)
직업 경로, 경력	Berufsweg (der), die Berufswege
신청서	Bewerbungsschreiben (das), -
생물학	Biologie (die) (Sg.)
피를 흘리다	bluten, blutete, hat geblutet
기회가 많은	chancenreich
화학	Chemie (die) (Sg.)
데이터	Datei (die), die Dateien
통찰, 일견	Einblick (der), die Einblicke

도입	Einführung (die), die Einführungen
발견하다	entdecken, entdeckte, hat entdeckt
지구과학	Erdkunde (die) (Sg.)
성공	Erfolg (der), die Erfolge
성취하다	erfüllen, erfüllte, hat erfüllt
전문가	Experte (der), die Experten / Expertin (die), die Expertinnen
전공, 학과	Fach (das), die Fächer
전문대학	Fachhochschule (die), die Fachhochschulen
전문 고등학교 상습과정	Fachoberschule (die), die Fachoberschulen
게으른	faul
하드디스크	Festplatte (die), die Festplatten
부지런한; 열심히	fleißig
자발적인	freiwillig

미용사	Friseur (der), die Friseure / Friseurin (die), die Friseurinnen
두려워하다	fürchten [Akk.], fürchtete, hat gefürchtet / fürchten (sich) (vor), fürchtete sich, hat sich gefürchtet
감정	Gefühl (das), die Gefühle
지리학	Geografie (die) (Sg.)
통합학교	Gesamtschule (die), die Gesamtschulen
역사학	Geschichte (die) (Sg.)
사회	Gesellschaft (die), die Gesellschaften
독일의 초등학교	Grundschule (die), die Grundschulen
독일 인문계 고등학교	Gymnasium (das), die Gymnasien
유지하다	halten, hielt, hat gehalten
수공업	Handwerk (das), die Handwerke

싫어하다	hassen, hasste, hat gehasst
중등교육과정	Hauptschule (die), die Hauptschulen
고향	Heimat (die) (Sg.)
지적인	intelligent
청소년	Jugendliche (der/die), die Jugendlichen
소년	Junge (der), die Jungen
경력	Karriere (die), die Karrieren
종합병원	Klinik (die), die Kliniken
갈등	Konflikt (der), die Konflikte
구체적인	konkret
건설적으로	konstruktiv
3살 미만의 어린이들 보살피는 곳	Krippe (die), die Krippen
문화	Kultur (die), die Kulturen

해고	Kündigung (die), die Kündigungen
예술학	Kunst (die), die Künste
견습	Lehre (die), die Lehren
성능	Leistung (die), die Leistungen
좋아하는 교과목	Lieblingsfach (das), die Lieblingsfächer
좋아하는 교사	Lieblingslehrer (der), -
삭제하다	löschen, löschte, hat gelöscht
풀다	lösen, löste, hat gelöst
의학; 약품	Medizin (die) (Sg.)
과외 교사	Nachhilfelehrer (der), -
틈틈히	nebenbei
응급처치 의사	Notarzt (der), die Notärzte
점수	Note (die), die Noten
필수의	notwendig
물리학	Physik (die) (Sg.)

조종사, 파일럿	Pilot (der), die Piloten
정치	Politik (die), die Politiken
실현하다; 깨닫다	realisieren, realisierte, hat realisiert
독일의 중등교육과정	Realschule (die), die Realschulen
발표, 프레젠테이션	Referat (das), die Referate
부유한	reich
연금	Rente (die), die Renten
나머지	Rest (der), die Reste
배우	Schauspieler (der), -
여자 재단사	Schneiderin (die), die Schneiderinnen
사회과	Sozialkunde (die) (Sg.)
심한, 지독한	schrecklich
교육제도	Schulsystem (das), die Schulsysteme
학력	Schulweg (der), die Schulwege

학창 시절	Schulzeit (die), die Schulzeiten
소위, 이른바	sogenannt
저장하다	speichern, speicherte, hat gespeichert
목소리	Stimme (die), die Stimmen
다툼	Streit (der), die Streite
엄격한	streng
무용수	Tänzer (der), - / Tänzerin (die), die Tänzerinnen
실제의	tatsächlich
기술	Technik (die), die Techniken
참가하다	teilnehmen, nahm teil, hat teilgenommen
목수, 가구공	Tischler (der), -
이상적인 직업	Traumberuf (der), die Traumberufe
접촉	Umgang (der) (Sg.)
불행한	unglücklich
불만족스러운	unzufrieden

개량하다	verbessern, verbesserte, hat verbessert
태도	Verhalten (das) (Sg.)
행동하다	verhalten (sich), verhielt sich, hat sich verhalten
다치다	verletzen (sich), verletzte sich, hat sich verletzt
전제 조건	Voraussetzung (die), die Voraussetzungen
아까	vorhin
(취직) 면접	Vorstellungsgespräch (das), die Vorstellungsgespräche
강연, 강의; 토의	Vortrag (der), die Vorträge
계속해서 가다	weitergehen, ging weiter, ist weitergegangen
앞으로 더 나아가다	weiterkommen, kam weiter, ist weitergekommen

희망하는 직업	Wunschberuf (der), die Wunschberufe
증명서, 성적표	Zeugnis (das), die Zeugnisse
미래	Zukunft (die) (Sg.)
이주, 이민	Zuwanderung (die), die Zuwanderungen

CHAPTER 7 / LEKTION 7

문단	Abschnitt (der), die Abschnitte
최신, 최근	aktuell
케이크를 조각으로 자르다	anschneiden, schnitt an, hat angeschnitten
절대로, 어떤 일이 있어도	auf jeden Fall
결코 ~아니다	auf keinen Fall
인쇄하다	ausdrucken, druckte aus, hat ausgedruckt
아기	Baby (das), die Babys
(취미로 수제품을) 만들다, 공작하다	basteln, bastelte, hat gebastelt
나쁜; 어리석은	blöd
신부	Braut (die), die Bräute
신랑	Bräutigam (der), die Bräutigame
웨딩드레스	Brautkleid (das), die Brautkleider
신혼부부	Brautpaar (das), die Brautpaare

부케	Brautstrauß (der), die Brautsträuße
웨딩왈츠	Brautwalzer (der), -
우표	Briefmarke (die), die Briefmarken
우편집배원	Briefträger (der), -
크림	Creme (die), die Cremes
장식하다	dekorieren, dekorierte, hat dekoriert
누르다	drücken, drückte, hat gedrückt
포장하다	einpacken, packte ein, hat eingepackt
묻다, 문의하다	erkundigen (sich) (bei/ nach), erkundigte sich, hat sich erkundigt
축제 분위기인	feierlich
지갑	Geldbeutel (der), -
선물용 상품권	Geschenkgutschein (der), die Geschenkgutscheine

선물 포장용 종이	Geschenkpapier (das), die Geschenkpapiere
네잎 클로버	Glücksklee (der) (Sg.)
인사하다	grüßen, grüßte, hat gegrüßt
유효한	gültig
상품권	Gutschein (der), die Gutscheine
핵심	Hauptsache (die) (Sg.)
결혼 피로연	Hochzeitsfeier (die), die Hochzeitsfeiern
웨딩 케익	Hochzeitstorte (die), die Hochzeitstorten
목걸이	Kette (die), die Ketten
반 친구	Klassenkamerad (der), die Klassenkameraden
접착 테이프	Klebeband (das), die Klebebänder
마늘	Knoblauch (der) (Sg.)
대화	Konversation (die), die Konversationen

초롱	Lampion (der), die Lampions
오토바이	Motorrad (das), die Motorräder
털모자	Mütze (die), die Mützen
추가 기록, 부록, 증보	Nachtrag (der), die Nachträge
목적어	Objekt (das), die Objekte
향수	Parfüm (das), die Parfüme / Parfüms
자두	Pflaume (die), die Pflaumen
(호두, 크림, 브랜디 따위로) 속을 넣은 초콜릿	Praline (die), die Pralinen
시도하다; 맛보다	probieren, probierte, hat probiert
인형	Puppe (die), die Puppen
추측하다; 알아맞히다	raten, riet, hat geraten
결혼반지 교환	Ringtausch (der) (Sg.)
장미	Rose (die), die Rosen

상자, 갑(匣)	Schachtel (die), die Schachteln
선물하다	schenken, schenkte, hat geschenkt
(장식용) 리본	Schleife (die), die Schleifen
장신구	Schmuck (der) (Sg.)
끈	Schnur (die), die Schnüre
기분, 분위기	Stimmung (die) (Sg.)
상징화하다	symbolisieren, symbolisierte, hat symbolisiert
통사	Syntax (die), die Syntaxen
죽음	Tod (der), die Tode
크림 케이크	Torte (die), die Torten
(옷 등을)입고 있다	tragen, trug, hat getragen
눈물	Träne (die), die Tränen
결혼(식)	Trauung (die), die Trauungen

밟다; 내딛다	treten, trat, hat getreten
설득하다	überzeugen, überzeugte, hat überzeugt
그런데	übrigens
알려지지 않은	unbekannt
즐기다	unterhalten (sich), unterhielt sich, hat sich unterhalten
회화; 오락	Unterhaltung (die), die Unterhaltungen
선사하다, 나누어주다	verschenken, verschenkte, hat verschenkt
준비하다	vorbereiten (sich) (auf / für), bereitete sich vor, hat sich vorbereitet
특별한 관심, 특히 애호함, 편애	Vorliebe (die), die Vorlieben
깨어 있는	wach
왈츠	Walzer (der), -
눈물을 흘리다	weinen, weinte, hat geweint

야생의, 사나운	wild
센티미터	Zentimeter (der), -
마지막으로	zuletzt
믿을 만한, 확실한	zuverlässig

CHAPTER 8 / LEKTION 8

거절하다	ablehnen, lehnte ab, hat abgelehnt
안내, 입문서, 설명서	Anleitung (die), die Anleitungen
받아들이다	annehmen, nahm an, hat angenommen
열려 있다; 깨어 있다	auf sein, war auf, ist auf gewesen
공연하다(公演-)	auftreten, trat auf, ist aufgetreten
생각해 내다	ausdenken (sich), dachte sich aus, hat sich ausgedacht
판, 간행	Ausgabe (die), die Ausgaben
외곽에	außerhalb
표현하다	äußern, äußerte, hat geäußert
외출하다	ausgehen, ging aus, ist ausgegangen
전람회, 전시	Ausstellung (die), die Ausstellungen

선택	Auswahl (die), die Auswahlen
자동차 운전자	Autofahrer (der), -
저자, 작가	Autor (der), die Autoren
전철	Bahn (die), die Bahnen
성경	Bibel (die), die Bibeln
다리미질하다	bügeln, bügelte, hat gebügelt
정의	Definition (die), die Definitionen
자기, 자신의	eigen
등록하다	einschreiben (sich), schrieb sich ein, hat sich eingeschrieben
동의하다	einverstanden sein (mit), war einverstanden, ist einverstanden gewesen
포함하다	enthalten, enthielt, hat enthalten
감기에 걸린	erkältet

개관	Eröffnung (die), die Eröffnungen
피로한, 피곤한	erschöpft
서사문학, 이야기	Erzählung (die), die Erzählungen
운전자	Fahrer (der), - / Fahrerin (die), die Fahrerinnen
먼	fern
영화 감독	Filmemacher (der), -
영화 시리즈	Filmreihe (die), die Filmreihen
벼룩 시장	Flohmarkt (der), die Flohmärkte
금요일 저녁	Freitagabend (der), die Freitagabende
맞은 편에 있는	gegenüber
공동의, 함께하는	gemeinsam
이기다	gewinnen, gewann, hat gewonnen
단어 목록	Glossar (das), die Glossare

가정 살림	Haushalt (der), die Haushalte
향토 박물관	Heimatmuseum (das), die Heimatmuseen
역사적인	historisch
삽화잡지	Illustrierte (die), die Illustrierten
재즈	Jazz (der) (Sg.)
교회에 예배보러 가기	Kirchgang (der), die Kirchgänge
고전적인	klassisch
술집	Kneipe (die), die Kneipen
육체적인	körperlich
종신의	lebenslang
지도 (指導)	Leitung (die), die Leitungen
낭독(회)	Lesung (die), die Lesungen
술집	Lokal (das), die Lokale
매체	Medium (das), die Medien

바다	Meer (das), die Meere
여러 번	mehrmals
동행하다	mitgehen, ging mit, ist mitgegangen
함께 놀다; 놀이에 참가하다	mitspielen, spielte mit, hat mitgespielt
점심 때	Mittagszeit (die), die Mittagszeiten
이웃 집	Nachbarhaus (das), die Nachbarhäuser
이웃	Nachbarschaft (die), die Nachbarschaften
읽어서 확인하다	nachlesen, las nach, hat nachgelesen
낙천주의적인	optimistisch
오케스트라	Orchester (das), -
멋진, 굉장히	prima
라디오 방송국	Radiosender (der), -
자전거 여행/소풍	Radtour (die), die Radtouren
반응하다	reagieren, reagierte, hat reagiert

총서, 시리즈	Reihe (die), die Reihen
(도시 따위를) 둘러보는 운행	Rundfahrt (die), die Rund-fahrten
라디오, 텔레비전 방송 총칭	Rundfunk (der) (Sg.)
불쾌해 하는, 화가 나 있는	sauer
제스처 놀이	Scharade (die), die Scha-raden
학교장	Schulleiter (der), -
호수	See (der), die Seen
방송국	Sender (der), -
노인, 시니어	Senior (der), die Senioren
여름 학기	Sommersemester (das), -
늦어도	spätestens
끊임없이	ständig
곡(노래), 작품	Stück (das), die Stücke
단 것	Süße (die) (Sg.)

개방일	Tag der offenen Tür (der), die Tage der offenen Tür
참여	Teilnahme (die), die Teil-nahmen
문, 대문	Tor (das), die Tore
서투른	ungeübt
불안한; 서투른	unsicher
행사	Veranstaltung (die), die Veranstaltungen
행사 달력	Veranstaltungskalender (der), -
행사 조언	Veranstaltungstipp (der), die Veranstaltungstipps
판매	Verkauf (der), die Verkäufe
반한, 연모하는	verliebt
사용하다	verwenden, verwendete, hat verwendet
다양한	vielseitig
시민대학	Volkshochschule (die), die Volkshochschulen

제안	Vorschlag (der), die Vorschläge
세탁물	Wäsche (die) (Sg.)
얼마 동안, 잠시	Weile (die) (Sg.)
작품	Werk (das), die Werke
공구	Werkzeug (das), die Werkzeuge
연장통	Werkzeugkoffer (der), -
재개	Wiedereröffnung (die), die Wiedereröffnungen
과부	Witwe (die), die Witwen
주말에 하는 활동	Wochenendaktivität (die), die Wochenendaktivitäten
희망사항을 적은 쪽지	Wunschliste (die), die Wunschlisten
예전에	zuvor

CHAPTER 9 / LEKTION 9

~에 주의하다	achten (auf), achtete, hat geachtet
형용사 어미 변화	Adjektivdeklination (die), die Adjektivdeklinationen
자동 응답기	Anrufbeantworter (der), -
차용하다, 얻다	aufnehmen, nahm auf, hat aufgenommen
경매	Auktion (die), die Auktionen
표현	Äußerung (die), die Äußerungen
자동적인	automatisch
편안한	bequem
조언하다	beraten, beriet, hat beraten
식사 도구	Besteck (das), die Bestecke
감동받은	bewegt
비키니	Bikini (der), die Bikinis

당시에	damals
뚜껑	Deckel (der), -
그 때문에, 그래서	deshalb
용(龍)	Drache (der), die Drachen
각이 진, 모난	eckig
도입하다,시작하다	einleiten, leitete ein, hat eingeleitet
시작, 도입	Einleitung (die), die Einleitungen
설비하다	einrichten, richtete ein, hat eingerichtet
결함이 없는	einwandfrei
전동식의	elektrisch
가전 제품	Elektroware (die), die Elektrowaren
거리를 두고 있는	entfernt
기억	Erinnerung (die), die Erinnerungen
수출하다	exportieren, exportierte, hat exportiert

라이터	Feuerzeug (das), die Feuerzeuge
평평한,얇은	flach
기쁜	froh
가스	Gas (das), die Gase
중고의	gebraucht
생각	Gedanke (der), die Gedanken
시(詩)	Gedicht (das), die Gedichte
물품, 대상	Gegenstand (der), die Gegenstände
꼼꼼히	gründlich
절반	Hälfte (die), die Hälften
~로 여기다, 평가하다	halten (von), hielt, hat gehalten
흥정하다	handeln, handelte, hat gehandelt
어릿광대	Harlekin (der), die Harlekine
가정 용품	Haushaltsgerät (das), die Haushaltsgeräte

살림용품	Haushaltwaren (Pl.)
높이	Höhe (die), die Höhen
(테있는) 모자	Hut (der), die Hüte
카메라	Kamera (die), die Kameras
(양)초	Kerze (die), die Kerzen
촛대	Kerzenständer (der), -
교실	Klassenzimmer (das), -
방울, 벨	Klingel (die), die Klingeln
벨 소리	Klingelton (der), die Klingeltöne
의사 소통	Kommunikation (die), die Kommunikationen
스크래치	Kratzer (der), -
크레디트, 신용대부	Kredit (der), die Kredite
여럿의	manch-
기계적인	mechanisch
우울한, 멜랑콜리쉬	melancholisch

금속	Metall (das), die Metalle
10억	Milliarde (die), die Mil-liarden
백만	Million (die), die Millionen
서로, 함께	miteinander
매 달	monatlich
음악적으로	musikalisch
악기	Musikinstrument (das), die Musikinstrumente
살펴보다	nachgucken, guckte nach, hat nachgeguckt
식량, 음식물	Nahrungsmittel (das), -
귀걸이	Ohrring (der), die Ohrringe
음반	Platte (die), die Platten
도자기	Porzellan (das), die Porzellane
포스터	Poster (das), -

리허설	Probe (die), die Proben
제작하다	produzieren, produzierte, hat produziert
품질	Qualität (die), die Qualitäten
탐구하다	recherchieren, recherchierte, hat recherchiert
문질러 잘게 부수다	reiben, rieb, hat gerieben
깨끗하게 하다	reinigen, reinigte, hat gereinigt
(장편) 소설	Roman (der), die Romane
뒤쪽	Rückseite (die), die Rückseiten
두루두루, ~die Welt 온 세상에	rund um
목도리	Schal (der), die Schals
쇼윈도, 진열창	Schaufenster (das), -
천한, 불편한, 괴로운	scheußlich

긴장감이 넘치는, 흥미진진한	spannend
통계	Statistik (die), die Statistiken
직물, 옷감; 재료	Stoff (der), die Stoffe
전화 번호부	Telefonbuch (das), die Telefonbücher
깊은	tief
제목, 표제	Überschrift (die), die Überschriften
부정관사	unbestimmte Artikel (der), die unbestimmten Artikel
예의가 없는	unhöflich
~에 책임이 있다	verantwortlich sein, war verantwortlich, ist verantwortlich gewesen
비교의 불변화사(als, wie 따위)	Vergleichspartikel (der), -
더욱 아름답게 하다	verschönern, verschönerte, hat verschönert

보험	Versicherung (die), die Versicherungen
제안하다	vorschlagen, schlug vor, hat vorgeschlagen
~의 가치가 있다	wert sein, war wert, ist wert gewesen
가치가 큰, 소중한	wertvoll
기회를 포착하다, 집어들다, 잡 아쥐다	zugreifen, griff zu, hat zugegriffen
상태, 정황	Zustand (der), die Zustände

CHAPTER 10 / LEKTION 10

기분 좋은, 쾌적한	angenehm
(웹사이트를) 열다	anklicken, klickte an, hat angeklickt
(스위치를) 켜다	anschalten, schaltete an, hat angeschaltet
힘든	anstrengend
요구하다, 재촉하다	auffordern, forderte auf, hat aufgefordert
스티커	Aufkleber (der), -
곰	Bär (der), die Bären
신청하다	beantragen, beantragte, hat beantragt
정관사	bestimmte Artikel (der), die bestimmten Artikel
관계	Beziehung (die), die Beziehungen
맥주 컵의 받침	Bierdeckel (der), -
종이	Blatt (das), die Blätter

편지 보내기	Briefsendung (die), die Briefsendungen
편지 봉투	Briefumschlag (der), die Briefumschläge
참석한다	dabei sein, war dabei, ist dabei gewesen
명백하게	deutlich
디지털 방식의	digital
두 배의	doppelt
상관없다	egal sein, war egal, ist egal gewesen
(편지를) 투함하다	einwerfen, warf ein, hat eingeworfen
열차	Eisenbahn (die), die Eisenbahnen
코끼리	Elefant (der), die Elefanten
오리	Ente (die), die Enten
사건	Ereignis (das), die Ereignisse
생계	Ernährung (die), die Ernährungen

수확	Ernte (die), die Ernten
주먹	Faust (die), die Fäuste
재교육	Fortbildung (die), die Fortbildungen
춥다, 차갑다; 얼다	frieren, fror, hat gefroren
사용하다	gebrauchen, gebrauchte, hat gebraucht
신경이 곤두 선	genervt
독감예방주사	Grippeimpfung (die), die Grippeimpfungen
유익하다	guttun, tat gut, hat gutgetan
핸드백	Handtasche (die), die Handtaschen
발견하다, 찾아내다	herausfinden, fand heraus, hat herausgefunden
하늘	Himmel (der), -
바라다, 희망하다	hoffen, hoffte, hat gehofft
접종하다	impfen, impfte, hat geimpft

우회적인, 간접의	indirekt
매년(의)	jährlich
부서지다, 망가지다	kaputtgehen, ging kaputt, ist kaputtgegangen
마분지 상자	Karton (der), die Kartons
의사소통 도구(수단)	Kommunikationsmittel (das), -
영사관	Konsulat (das), die Konsulate
협조적인	kooperativ
얻다, 받다	kriegen, kriegte, hat gekriegt
단신	Kurznachricht (die), die Kurznachrichten
지루함, 무료함	Langeweile (die) (Sg.)
지루해 하다	langweilen (sich), langweilte sich, hat sich gelangweilt
비우다	leeren, leerte, hat geleert
열정, 정열	Leidenschaft (die), die Leidenschaften

박람회; (가톨릭) 미사	Messe (die), die Messen
오해	Missverständnis (das), die Missverständnisse
~의 도움으로	mit Hilfe (von)
다기능적인	multifunktional
동전	Münze (die), die Münzen
조개	Muschel (die), die Muscheln
누구의 신경을 건드리다	nerven, nervte, hat genervt
네트워크	Netzwerk (das), die Netzwerke
호기심이 많은	neugierig
적절하지 않은 것	Nichtzutreffende (das) (Sg.)
이용하다	nützen, nützte, hat genützt
정돈된	ordentlich
소형 소포	Päckchen (das), -
수동태	Passiv (das), die Passive

계속되는	pausenlos
~를 이용하여	per
엽서	Postkarte (die), die Postkarten
쫓겨나다	rausfliegen, flog raus, ist rausgeflogen
익은, 성숙한	reif
써 넣다	reinschreiben, schrieb rein, hat reingeschrieben
기자(記者)	Reporter (der), -
가위	Schere (die), die Scheren
코감기	Schnupfen (der) (Sg.)
사위	Schwiegersohn (der), die Schwiegersöhne
그렇지 않고 (오히려)	sondern
걱정	Sorge (die), die Sorgen
분류하다	sortieren, sortierte, hat sortiert
기념(품)	Souvenir (das), die Souvenirs

자연 발생적인, 자발적인	spontan
별	Stern (der), die Sterne
고장, 장애; 방해	Störung (die), die Störun-gen
기술, 테크놀로지	Technologie (die), die Technologien
부분적으로	teilweise
시험하다, 검사하다; 맛보다	testen, testete, hat getestet
운송하다, 수송하다	transportieren, trans-portierte, hat transportiert
불쾌한	unangenehm
지저분한, 불결한	unappetitlich
치우지 않은	unaufgeräumt
결단력이 없는, 우유부단한	unentschieden
아늑하지 않은	ungemütlich
좋아하지 않는	ungern
버릇없는	ungezogen
흥미없는	uninteressant

유행에 뒤진, 케케묵은	unmodern
불필요한	unnötig
어울리지 않은	unpassend
시간을 잘 지키지 않는	unpünktlich
깨끗하지 못한	unsauber
의존적인	unselbständig
중단시키다	unterbrechen, unterbrach, hat unterbrochen
진료	Untersuchung (die), die Untersuchungen
이해되지 않은	unverstanden
조심하지 않는	unvorsichtig
연장하다	verlängern, verlängerte, hat verlängert
약속하다	versprechen, versprach, hat versprochen
비자	Visum (das), die Visa
새 (동물)	Vogel (der), die Vögel

일어나다	vorkommen, kam vor, ist vorgekommen
부드러운, 유연한	weich
전 세계적으로	weltweit
~의 무게를 달다; 무게가 ...이다	wiegen, wog, hat gewogen
이리저리 흔들다	wiegen, wiegte, hat gewiegt

CHAPTER 11 / LEKTION 11

방향을 바꾸다	abbiegen, bog ab, ist abgebogen
바라보다, 응시하다	anschauen, schaute an, hat angeschaut
주의를 끌다	auffallen, fiel auf, ist aufgefallen
(특히 고속도로의) 출구	Ausfahrt (die), die Ausfahrten
전망	Aussicht (die), die Aussichten
피하다	ausweichen, wich aus, ist ausgewichen
고속도로	Autobahn (die), Autobahnen
배터리	Batterie (die), die Batterien
공사장	Baustelle (die), die Baustellen
휘발유	Benzin (das), die Benzine
봉쇄하다	blockieren, blockierte, hat blockiert

브레이크	Bremse (die), die Bremsen
제동을 걸다, 브레이크를 밟다	bremsen, bremste, hat gebremst
다리	Brücke (die), die Brücken
국민	Bürger (der), - / Bürgerin (die), die Bürgerinnen
시장(市長)	Bürgermeister (der), -
보도	Bürgersteig (der), die Bürgersteige
혼돈; 혼란	Chaos (das) (Sg.)
지금, 현재	derzeit
조밀한, 짙은	dicht
경유	Diesel (der) (Sg.)
일방통행로	Einbahnstraße (die), die Einbahnstraßen
주차하다	einparken, parkte ein, hat eingeparkt
얼음의	eisig
종착역	Endstation (die), die Endstationen

~따라서	entlang
무엇을 따라서 차를 타고 가다	entlangfahren, fuhr entlang, ist entlanggefahren
무엇을 따라서 가다	entlanggehen, ging entlang, ist entlanggegangen
알아볼 수 있는	erkennbar
(소리가) 닿을 수 있는	erreichbar
차도;선로	Fahrbahn (die), die Fahrbahnen
알아차리다, 인지하다	feststellen, stellte fest, hat festgestellt
하안, 강뚝	Flussufer (das), -
~에 대해 찬성하다	für etwas sein, war für etwas, ist für etwas gewesen
보행자	Fußgänger (der), -
보행자구역	Fußgängerzone (die), die Fußgängerzonen
차고	Garage (die), die Garagen
위험	Gefahr (die), die Gefahren

보도, 인도	Gehweg (der), die Gehwege
천둥과 번개	Gewitter (das), -
미끄러운	glatt
(규칙을) 지키다	halten (sich ... an), hielt sich, hat sich gehalten
정류장	Haltestelle (die), die Haltestellen
더위, 열기	Hitze (die) (Sg.)
경적을 울리다	hupen, hupte, hat gehupt
벨, 초인종	Klingel (die), die Klingeln
무릎	Knie (das), -
완전히	komplett
강력한	kräftig
로터리	Kreisverkehr (der), die Kreisverkehre
마비(정체)시키다	lahmlegen, legte lahm, hat lahmgelegt
착륙하다	landen, landete, ist gelandet

착륙	Landung (die), die Landungen
생동하는, 활발한; 살아 있는	lebendig
여보, 자기, 좋아하는 사람	Liebling (der), die Lieblinge
경 모토바이	Moped (das), die Mopeds
모터, 엔진	Motor (der), die Motoren
젖은, 축축한	nass
안개	Nebel (der), -
안개가 낀	neblig
낮은; 적은	niedrig
공공의	öffentlich
고장	Panne (die), die Pannen
반창고	Pflaster (das), -
자전거; 바퀴	Rad (das), die Räder
자전거타는 사람	Radfahrer / Radler (der), -
시기에 알맞는	rechtzeitig

소나기	Regenschauer (der), -
지역	Region (die), die Regionen
비 오는	regnerisch
타이어	Reifen (der), -
방향	Richtung (die), die Richtungen
무분별한	rücksichtslos
눈	Schnee (der) (Sg.)
여름의, 여름에 적합한	sommerlich
폐쇄하다, 봉쇄하다	sperren, sperrte, hat gesperrt
어학원	Sprachschule (die), die Sprachschulen
뛰다, 뛰어오르다	springen, sprang, ist gesprungen
발자국; 흔적	Spur (die), die Spuren
출발	Start (der), die Starts
정체	Stau (der), die Staus
벌, 형벌	Strafe (die), die Strafen
벌금고지서	Strafzettel (der), -

환한, 햇빛이 비치는	strahlend
수시간, 한참동안	stundenlang
폭풍	Sturm (der), die Stürme
폭풍우가 몰아치는	stürmisch
넘어지다	stürzen, stürzte, ist gestürzt
급유하다	tanken, tankte, hat getankt
속도; 박자	Tempo (das), die Tempi
교통속도 제한	Tempolimit (das), die Tempolimits
추월하다	überholen, überholte, hat überholt
물가, 해안, 강가	Ufer (das), -
~주위를 빙 돌다	um … herum
반대로	umgekehrt
차이	Unterschied (der), die Unterschiede
길을 잃다	verfahren (sich), verfuhr sich, hat sich verfahren

방해하다	verhindern, verhinderte, hat verhindert
교통	Verkehr (der), die Verkehre
교통방송 뉴스	Verkehrsnachricht (die), die Verkehrsnachrichten
교통법규	Verkehrsregel (die), die Verkehrsregeln
통행자	Verkehrsteilnehmer (der), -
예방하다, 방지하다	vermeiden, vermied, hat vermieden
이해(력)	Verständnis (das) (Sg.)
예측컨대, 아마	voraussichtlich
조심스러운, 신중한	vorsichtig
자동차	Wagen (der), -
떠나다	wegfahren, fuhr weg, ist weggefahren
(바람이) 불다	wehen, wehte, hat geweht

계속 타고 가다	weiterfahren, fuhr weiter, ist weitergefahren
구름이 낀	wolkig
치과의사	Zahnarzt (der), die Zahnärzte
얼룩말	Zebra (das), die Zebras
동물원	Zoo (der), die Zoos
부분적으로	zum Teil

CHAPTER 12 / LEKTION 12

모험을 좋아하는	abenteuerlustig
모험가	Abenteurer (der), -
거절하다	ablehnen, lehnte ab, hat abgelehnt
주장의 근거, 논거	Argument (das), die Argumente
대서양	Atlantik (der) (Sg.)
(텐트를) 치다, 세우다, 짓다	aufbauen, baute auf, hat aufgebaut
체류	Aufenthalt (der), die Aufenthalte
매진되다	ausgebucht sein, war ausgebucht, ist ausgebucht gewesen
목욕하다	baden, badete, hat gebadet
해수욕장의 백사장	Badestrand (der), die Badestrände
흥분한	begeistert

관찰하다	beobachten, beobachtete, hat beobachtet
염가 항공편(비행)	Billigflug (der), die Billigflüge
곧(나중에) 다시 봐! (헤어질 때의 인사)	bis bald
금발의	blond
보트	Boot (das), die Boote
버스 여행	Busreise (die), die Busreisen
야영장, 캠핑장	Campingplatz (der), die Campingplätze
찬성하다	dafür sein, war dafür, ist dafür gewesen
반대하다	dagegen sein, war dagegen, ist dagegen gewesen
기념비, 기념물	Denkmal (das), die Denkmäler/Denkmale
독일전역으로	deutschlandweit
정글	Dschungel (der), -
대량; 많이	eine Menge

(누구와) 의견이 일치하다, 합의하다	einigen (sich), einigte sich, hat sich geeinigt
포장하다	einpacken, packte ein, hat eingepackt
외딴	einsam
기입하다, 그려넣다	einzeichnen, zeichnete ein, hat eingezeichnet
쉬다, 휴식을 취하다	entspannen (sich), entspannte sich, hat sich entspannt
원기를 회복하다	erholen (sich), erholte sich, hat sich erholt
휴양	Erholung (die) (Sg.)
허락하다	erlauben, erlaubte, hat erlaubt
자전거 대여	Fahrradverleih (der), die Fahrradverleihe
가족적인	familiär
게으름을 부리다	faulenzen, faulenzte, hat gefaulenzt
축제	Festival (das), die Festivals

항공사	Fluggesellschaft (die), die Fluggesellschaften
산맥	Gebirge (das), -
~한 기분	gelaunt
컴퓨터 과학자	Informatiker (der), -
도심, 시내	Innenstadt (die), die Innenstädte
섬	Insel (die), die Inseln
IT 전문가	IT-Spezialist (der), die IT-Spezialisten
언제나, 항상	jederzeit
유스호스텔	Jugendherberge (die), die Jugendherbergen
암소	Kuh (die), die Kühe
서늘한, 찬	kühl
해안	Küste (die), die Küsten
기분	Laune (die), die Launen
빈	leer
사랑	Liebe (die) (Sg.)

가지고 가다	mitnehmen, nahm mit, hat mitgenommen
여행 동행자	Mitreisende (der), die Mitreisenden
함께 놀이나 게임을 하는 사람	Mitspieler (der), -
강변 박물관 밀집지역	Museumsufer (das), -
어디에도 ~없다	nirgends
노를 젓다	paddeln, paddelte, hat gepaddelt
파노라마 광경, 전경	Panoramablick (der), die Panoramablicke
낙원	Paradies (das), die Paradiese
승객	Passagier (der), die Passagiere
작은 호텔; 연급	Pension (die), die Pensionen
말 (동물)	Pferd (das), die Pferde
계획(예정)대로의	planmäßig
고문, 고통, 고민	Qual (die), die Qualen

여행 동행인	Reisebegleiter (der), -
여행 루트	Reiseroute (die), die Reiserouten
여행 목적지	Reiseziel (das), die Reiseziele
모험	Risiko (das), die Risiken
낭만적인	romantisch
귀로	Rückweg (der), die Rückwege
파노라마(전경)	Rundblick (der), die Rundblicke
사하라 사막	Sahara (die) (Sg.)
모래	Sand (der), die Sände / Sande
양(羊)	Schaf (das), die Schafe
돼지	Schwein (das), die Schweine
출발 준비	Startvorbereitung (die), die Startvorbereitungen
악취를 풍기는	stinkend

윈드서핑 코스	Surfkurs (der), die Surfkurse
골짜기, 계곡	Tal (das), die Täler
잠수 코스	Tauchkurs (der), die Tauchkurse
동물을 좋아하는	tierlieb
꿈꾸던 여행	Traumreise (die), die Traumreisen
건조한	trocken
휙휙 넘기다, 훑어보다	überfliegen, überflog, hat überflogen
무료로	umsonst
이사	Umzug (der), die Umzüge
복잡하지 않은	unkompliziert
숙소	Unterkunft (die), die Unterkünfte
휴가 동행	Urlaubsbegleitung (die), die Urlaubsbegleitungen
결합, 연결	Verbindung (die), die Verbindungen

여행을 떠나다	verreisen, verreiste, ist ver-reist
~부터	von ... an
따뜻함	Wärme (die) (Sg.)
세면장	Waschraum (der), die Waschräume
파도	Welle (die), die Wellen
초원	Wiese (die), die Wiesen
사막	Wüste (die), die Wüsten
다수의, 수많은	zahlreich
텐트	Zelt (das), die Zelte

CHAPTER 13 / LEKTION 13

차감하다	abbuchen, buchte ab, hat abgebucht
인출하다	abheben, hob ab, hat abgehoben
주식	Aktie (die), die Aktien
신청서	Antrag (der), die Anträge
지출하다, (돈을) 내다	ausgeben, gab aus, hat ausgegeben
다를 줄 알다	auskennen (sich), kannte sich aus, hat sich aus-gekannt
외우다	auswendig lernen, lernte auswendig, hat auswendig gelernt
은행 코드 번호	Bankleitzahl (die), die Bankleitzahlen
은행직원	Bankmitarbeiter (der), -
은행창구	Bankschalter (der), -
거래은행	Bankverbindung (die), die Bankverbindungen

현금의	bar
현금	Bargeld (das) (Sg.)
상담자	Berater (der), -
구입하다, 마련하다	besorgen, besorgte, hat besorgt
금액	Betrag (der), die Beträge
부탁하다	bitten (um), bat, hat gebeten
도대체	bloß
기회	Chance (die), die Chancen
컴퓨터 진열장	Computerabteilung (die), die Computerabteilungen
EC 카드	EC-Karte (die), die EC-Karten
입금하다	einzahlen, zahlte ein, hat eingezahlt
전자(공학)의	elektronisch
(쓰레기 따위를) 수거하다, 제거하다	entsorgen, entsorgte, hat entsorgt

실망하다	enttäuschen, enttäuschte, hat enttäuscht
처리하다, 끝내다; 해결하다	erledigen, erledigte, hat erledigt
닿다, 다다르다	erreichen, erreichte, hat erreicht
놀라운	erstaunlich
진보, 발전	Fortschritt (der), die Fortschritte
의문대명사	Fragepronomen (das), die Fragepronomina
봉급	Gehalt (das), die Gehälter
봉급 인상	Gehaltserhöhung (die), die Gehaltserhöhungen
비밀번호	Geheimnummer (die), die Geheimnummern
비밀번호	Geheimzahl (die), die Geheimzahlen
현금자동인출기	Geldautomat (der), die Geldautomaten

현금 카드	Geldkarte (die), die Geldkarten
지폐	Geldschein (der), die Geldscheine
당첨 복권	Gewinn (der), die Gewinne
대체(당좌)계좌	Girokonto (das), die Girokonten
안으로 던져 넣다	hineinwerfen, warf hinein, hat hineingeworfen
간접의문	indirekte Frage (die), die indirekten Fragen
설치하다	installieren, installierte, hat installiert
인터넷 연결	Internetzugang (der), die Internetzugänge
그 사이에	inzwischen
어떤, 무슨	irgend-
고장 내다, 못쓰게 만들다	kaputtmachen, machte kaputt, hat kaputtgemacht
패드, 방석	Kissen (das), -

계좌번호	Kontonummer (die), die Kontonummern
검사	Kontrolle (die), die Kontrollen
검사하다	kontrollieren, kontrollierte, hat kontrolliert
복사	Kopie (die), die Kopien
복사하다	kopieren, kopierte, hat kopiert
힘	Kraft (die), die Kräfte
의료보험카드	Krankenkassenkarte (die), die Krankenkassenkarten
신용카드	Kreditkarte (die), die Kreditkarten
범법자, 범인	Kriminelle (der/die), die Kriminellen
비판적인	kritisch
고객카드	Kundenkarte (die), die Kundenkarten
이력서	Lebenslauf (der), die Lebensläufe

메뉴	Menü (das), die Menüs
전하다	mitteilen, teilte mit, hat mitgeteilt
한구운데, 중앙에	mitten
바느질하다	nähen, nähte, hat genäht
비상시 전화번호	Notfall-Rufnummer (die), die Notfall-Rufnummern
~인지 아닌지	ob
웨이터	Ober (der), -
조직	Organisation (die), die Organisationen
공포에 빠진 상태, 경악	Panik (die), die Paniken
주차요금	Parkgebühr (die), die Parkgebühren
통행인	Passant (der), die Passanten
신분증	Personalausweis (der), die Personalausweise

할부: 할부로 지급하다	Rate (die), die Raten : in Raten zahlen
강도	Räuber (der), -
재산	Reichtum (der), die Reichtümer
수리하다	renovieren, renovierte, hat renoviert
연금	Rente (die), die Renten
시사보도, 현지보고	Reportage (die), die Reportagen
대단히 큰	riesig
전화 번호	Rufnummer (die), die Rufnummern
모든	sämtliche
지폐	Schein (der), die Scheine
교활한	schlau
자르다, 썰다	schneiden, schnitt, hat geschnitten
서비스 번호	Service-Nummer (die), die Service-Nummern

확실히 하다	sichern, sicherte, hat gesichert
~와 마찬가지로	sowie
기부금	Spende (die), die Spenden
기부하다	spenden, spendete, hat gespendet
국가(國家)	Staat (der), die Staaten
이마	Stirn (die), die Stirnen
합계	Summe (die), die Summen
용돈	Taschengeld (das), die Taschengelder
전화카드	Telefonkarte (die), die Telefonkarten
스포츠 감독	Trainer (der), -
습격	Überfall (der), die Überfälle
살피다, 검사하다	überprüfen, überprüfte, hat überprüft

이체하다	überweisen, überwies, hat überwiesen
남아있는	übrig
불확실한	unbestimmt
보통이 아닌, 흔치 않은	ungewöhnlich
무지, 알지 못함	Unkenntnis (die) (Sg.)
묵게하다	unterbringen, brachte unter, hat untergebracht
보험에 들다; 보증하다	versichern, versicherte, hat versichert
지역 번호	Vorwahl (die), die Vor-wahlen
물건	Ware (die), die Waren
되찾다	wiederbekommen, bekam wieder, hat wieder-bekommen
기숙사	Wohnheim (das), die Wohnheime

지불 방법	Zahlungsmöglichkeit (die), die Zahlungsmöglichkeiten
집게(둘째)손가락	Zeigefinger (der), -
이자	Zins (der), die Zinsen
관세	Zoll (der), die Zölle

CHAPTER 14 / LEKTION 14

부르다, 말을걸다	ansprechen, sprach an, hat angesprochen
관심, 주의	Aufmerksamkeit (die), die Aufmerksamkeiten
헤어지다	auseinandergehen, ging auseinander, ist auseinandergegangen
평가하다	auswerten, wertete aus, hat ausgewertet
평가	Auswertung (die), die Auswertungen
작은 곰	Bärchen (das), -
공무원	Beamte (der), die Beamten
영역	Bereich (der), die Bereiche
만화책	Comic (der), die Comics
고마움을 느끼고 있는	dankbar
자료	Daten (Pl.)

~의 한 부분이다	dazugehören, gehörte dazu, hat dazugehört
마을	Dorf (das), die Dörfer
특성	Eigenschaft (die), die Eigenschaften
착상, 위트	Einfall (der), die Einfälle
재치가 없는	einfallslos
찾아오다	einkehren, kehrte ein, ist eingekehrt
~라고 여기다	empfinden, empfand, hat empfunden
천사	Engel (der), -
진지한	ernst
당나귀	Esel (der), -
전사(를) 하다 (戰死-)	fallen, fiel, ist gefallen
상상	Fantasie (die), die Fantasien
세무서	Finanzamt (das), die Finanzämter
연애 행각	Flirt (der), die Flirts
아가씨	Fräulein (das), -

모순 관계	Gegensatz (der), die Gegensätze
반대(反對)	Gegenteil (das), die Gegenteile
성장하다, 커지다	groß werden, wurde groß, ist groß geworden
애완 동물	Haustier (das), die Haustiere
청소년시기의 꿈	Jugendtraum (der), die Jugendträume
회전 목마	Karussell (das), die Karussells / Karusselle
과자, 비스켓	Keks (der), die Kekse
어린 시절, 유년기	Kindheit (die) (Sg.)
어린 시절의 추억	Kindheitserinnerung (die), die Kindheitserinnerungen
논평, 비평	Kommentar (der), die Kommentare
합성어	Kompositum (das), die Komposita
애칭	Kosename (der), die Kosenamen

전쟁	Krieg (der), die Kriege
위기	Krise (die), die Krisen
잘 사세요!	Leb wohl!
생애의 한 시기	Lebensabschnitt (der), die Lebensabschnitte
삶의 중요한 단계	Lebensstation (die), die Lebensstationen
사랑의 괴로움	Liebeskummer (der) (Sg.)
노래 소절	Liedstrophe (die), die Liedstrophen
동화	Märchen (das), -
쥐	Maus (die), die Mäuse
여론조사	Meinungsumfrage (die), die Meinungsumfragen
멜로디	Melodie (die), die Melodien
거들다, 조력하다	mithelfen, half mit, hat mitgeholfen
신중한	nachdenklich

자기 말로 다시 이야기하다	nacherzählen, erzählte nach, hat nacherzählt
그렇지 않니?	nicht wahr?
주소, 장소의 표기	Ortsangabe (die), die Ortsangaben
퇴직한	pensioniert
일반화 된	populär
과거 형태	Präteritumform (die), die Präteritumformen
사적인 일	Privatsache (die), die Privatsachen
흡연자	Raucher (der), - / Raucherin (die), die Raucherinnen
완전히, 아주	rein
매력적인	reizend
무례한	respektlos
문장연결(접속사)	Satzverbindung (die), die Satzverbindungen
만들다, 이루다	schaffen, schuf, hat geschaffen

보물	Schatz (der), die Schätze
연극 학교	Schauspielschule (die), die Schauspielschulen
헤어지다, 떠나다; 이혼시키다	scheiden, schied, ist geschieden
꾸준히, 단계적으로	Schritt für Schritt
귀여운 누이	Schwesterchen (das), -
비누	Seife (die), die Seifen
그때부터	seitdem
안전을 위한 지시	Sicherheitshinweis (der), die Sicherheitshinweise
외양간	Stall (der), die Ställe
약력(略歷)	Steckbrief (der), die Steckbriefe
정체하다, 멈추다	stillstehen, stand still, hat stillgestanden
동물세계	Tierwelt (die), die Tierwelten
너저분한	unordentlich

불규칙적인	unregelmäßig
분리할 수 없이	untrennbar
신뢰할 수 없음	Unzuverlässigkeit (die), die Unzuverlässigkeiten
즐거움, 즐거운 일	Vergnügen (das), -
사랑에 빠지다	verlieben (sich) (in), verliebte sich, hat sich verliebt
돌봐주다, 부양하다; 보호하다	versorgen, versorgte, hat versorgt
민요	Volkslied (das), die Volkslieder
~부터	von ... an
선택	Wahl (die) (Sg.)
실현되다	wahr werden, wurde wahr, ist wahr geworden
(옆으로) 치우다, 옮겨 놓다	weglegen, legte weg, hat weggelegt
계속해서 살다	weiterleben, lebte weiter, hat weitergelebt
수주간	wochenlang

끝나다	zu Ende gehen, ging zu Ende, ist zu Ende gegangen
우연히	zufällig
짝을 이루다	zusammengehören, gehörte zusammen, hat zusammengehört

.

Zeitfracht Medien GmbH
Ferdinand-Jühlke-Straße 7
99095 Erfurt, Deutschland
produktsicherheit@kolibri360.de